緑の政策宣言

Reconstruire l'espoir! En Vert et á gauche L'écologie, l'égalité, la citoyenneté

フランス緑の党 著
若森章孝・若森文子 訳

緑風出版

序文

ドミニック・ヴワネ

環境保護活動家でもなければ自然主義者でもなかったフランス人の多くが、まさにルネ・デュモン[1]と共に驚きをもってエコロジーを発見した。それはデュモンが大統領選に出馬した一九七四年のことだった。

当時、フランスの人々のほとんどは、「クルマ中心の街づくりをする」ことが必要だ、というポンピドー大統領の主張を受け入れ、「緑の革命」によって、つまり、新しい農業機具や肥料や種子によって飢餓を根絶することを夢見ていた。また、建設されたばかりの最初の原子力発電所を前に、枯渇することのないエネルギーについて誇らしげに語っていた。

科学技術の進歩と人間の進歩が必然的に歩調を合わせて進んでいくものかどうか疑問に思う人たちもいたが、多くの人は、未解決の問題をいつか科学が解決してくれるだろうと考えていた。

われわれエコロジストは、伝統的な左派の人々に多くを負っている。というのも、彼らは、ごく一部の人達によって不透明なやり方でなされてきた選択の長期的結果について、われわれが考えるよう導いてくれたからだ。それだけではない。どのような社会を選択していくか、つまり政治的な選択についての議論を、彼らは当然のこととして提起してくれたのだった。

エコロジーは最初のうちは、イタリアのセベソでの工場災害によるダイオキシン汚染（一九七六年）やアモコ・カディス号石油流出事故によるブルターニュ半島の汚染（一九七八年）、旧ソ連ウクライナ共和国のチェルノブイリ原発事故（一九八六年）といった相次ぐ大惨事に対する抗議の様相をとっていた。そして、エコロジーは、クレ＝マルヴィルの高速増殖炉スーパーフェニックスやアスプ渓谷のソンポール・トンネル[2]のような、大規模な環境破壊を引き起こす恐れのある建設計画の選択に抗議する反対運動になってきた。

決定のされ方は決定そのものと同じくらいの問題を提起する、とすぐに直感されるようになったし、地球資源の枯渇も人類の搾取も、短期の経済的収益性を優先するという同じ一つの原因から生じている、とたちまち確信されるようになった。

一九八四年に緑の党が誕生して以来、エコロジーは、「生活を変えていく」ために、また、生産や消費を現行とは異なるやり方にしていくために、さらに、もっと責任をもった自律的かつ連帯的で、アイデンティティや他者との違いを尊重する社会にしていくために、提案を行なう存在になってきている。

だがエコロジーは、現実や人々の実感においてはいまだに、斬新な解決策の追求や無視されていた知識をいたるところに利用する新しい実験的試みの場合と同じように、非現実的であるという診断が下されたままである。

エコロジーは、緊張や矛盾、ためらい、社会が動き変わっていく多様な仕方などに深く注意を傾けているが、それでも、理想主義だとか非現実主義だといつも非難されている。それはあたかも、人類のごく一部の人々のために数十年間で有限な地球資源を枯渇させてしまうことが「現実主義的」であるかのようである。また、水を汚染したり、産業廃棄物をいかに除去するかも分からないまま出し続けたり、飢えやエイズで住民が死んでいく国に武器を売却したりすることが、それほど悪くないかのようである。さらに、それはあたかも、われわれを破綻から守り、浪費の少ないより人間的な進歩に向けて社会を方向づけ変化させていく仕事を、破綻にまで追いやった、張本人に任せるかのようである。そして、今日の時点で非現実主義だと判定される提案がしばしば、少し後になれば大多数にとって当然の事として認められるようになる、ということがほとんどないかのようである。

大統領選挙の第一回投票の結果〔二〇〇二年の大統領選で、極右政党の党首、ル・ペンが左派のジョスパンを退けて第二位に進出したこと〕が示すように、フランスの民主主義は重大な危機に陥っているのだから、こういった問題はもはや副次的な問題にすぎなくなったというのだろうか？　われわれはそうは思わない。

エコロジーは民主主義や平等や自由のための闘いと深く結びついているが、シラクもル・ペンもこれらの価値を支持してはいない。大統領選挙の第二回投票で、シラクかル・ペンのどちらかを選ばざるをえない状況の中でわれわれは、外国人嫌いで人種差別主義の、そしてEU〔欧州連合〕反対の政党である国民戦線の指導者、ル・ペンの名を、大統領候補から消し去ったのだった。しかし、だからといって、シラクがフランスの倫理的・社会的・政治的状況の悪化に重大な責任を負っていることを、われわれが忘れているわけではない。原発計画の再開、年金制度や三五時間労働制の見直し、公共サービスの民営化、コンクリート護岸工事、等々をシラクがたくらんでいることは分かっている。

シラクが信じさせようとしていることとは反対に、失業や貧困、都市の暴力、住宅などの問題は、生活の質の改善や汚染対策、消滅しつつある手つかずの自然空間の保護、脱原発、騒音対策といったことと同時に取り組んでいかなければ、それらを解決することはできないのである。なぜなら、失業や貧困といった社会問題と環境問題とは密接に関連しているからである。例えば、南の諸国と同様に欧州においても、貧しい人々はたいてい、いちばんひどい環境の中で暮らしている。また、洪水や地滑りで土地を追われた何千人の人々の運命――アルジェリアやグァテマラ、ベンガル湾などで起こったことを思い出そう――と、パリの劣悪住宅に住む鉛中毒の子供達の運命とは、なんらかの形でつながっており、切り離すことができないのである！

エコロジーは、中流階級専用の贅沢《ぜいたく》などではなく、すべての人にとっての問題なのである！ エコロジーは、左派が提起した問題を深く掘り下げた、まさに人間の発展に関する問題なのである！ 多分、だからこそ、二〇〇二年の大統領選挙では、伝統的左派が厳しい審判を受けたのに、緑の党の大統領候補のノエル・マメールは、極右政党や利権主義右派、主権擁護論者、あるいは左派の弱さと徹底的に闘って、一九九五年よりも五〇万も多い前代未聞の得票数を得ることができたのだった。

われわれは、エコロジーと左翼の将来設計を緊急に再構築する必要があることを忘れてはならないが、大統領選挙の結果が示すように、緑の党は一つの役割を担っており、その役割を果たす重要な責任を負っているのである。

緑の党を選択することは、環境問題は関心のある人だけが余裕のあるときに取り組めばいいというような問題ではない、と意思表示をすることである。緑の党に投票することは、人類に信頼を示し、人類の夢と理想を引き受けることであり、また、勇気や想像力、ねばり強さや厳しさを携えて周到に準備する人々だけがそのような夢を実現することができる、ということを認識することでもある。

この本が読者に訴えたいことは、こういったことである。本書は、二〇〇二年六月の国民議会選挙に緑の党から立候補する候補者の政策提案を編集したものであるが、選挙運動期間中に使われるためだけの「消耗品」ではなく、あらゆる種類の困難な課題に挑戦しようとする、真剣でやや禁欲的な作品としてつくられている。

本書で議論されている提案は次の国民議会期間（二〇〇二〜二〇〇七年）に向けた活動プログラムであって、緑の党はこのプログラムに基づいて社会全体との議論を積極的に行なっていきたいと考えている。本書の提案が緑の党と左翼にとって、エコロジーの未来設計をめぐる、また、平等や連帯、エコロジー的責任をめぐる希望の再構築に寄与することを願っている。

ドミニック・ヴワネ
緑の党全国代表
前国土整備・環境大臣

訳者注

〔1〕デュモンは、世界的に有名な農学者である。彼の一九七四年の大統領選出馬を機にフランスにおける政治的エコロジーの運動が始まった、と言われている。著書の『ブラックアフリカは病んでいる』は、ア

ラン・リピエッツのようなエコロジストになった六八年世代の多くに大きな影響をあたえた。

〔2〕　ソンポール・トンネル

ピレネー山脈を横断してスペインと結ぶ高速道路の建設にともなって計画されているトンネルで、ピレネー山脈固有の豊かな自然を破壊する計画として、欧州全体で反対運動が起きている。

目次

緑の政策宣言——持続可能なEUとフランスをめざして

第三章　より平等な社会をめざす公共サービス

第五章　多元的経済、持続可能な発展、社会的平等

第六章　欧州連邦とより公正な世界の中でフランスの諸制度を再構築する　223

【凡例】

一、本文中の「　」は原文の《　》、（　）は原文のままである。
一、〔　〕は訳者による補足である。
一、傍点部分は原文のイタリックを示す。
一、若干の箇所で、原文の理解を助けると判断した場合、ルビを採用した。
一、略語は、国際機関や国際条約、一般的用語については英語で（例えばＷＴＯ、ＧＤＰ）、主にフランスや欧州に関わる機関や条約、取り決め、事項についてはフランス語で（例えばＰＡＣＳ）表記した。
一、訳者注は〔〕で示し、章末に一括して収録した。
一、本書は緑の党の複数のメンバーによって書かれており、文章の書き方や表記にばらつきが見られるので、様式の統一を施した。

序章

政治は何をするためのものか?

フランスは今、他のほとんどの国と同様に、本当の政治的危機、つまり、選択すべき時を迎えている。意思表示を避けることが広まって、政治集会にはまばらな聴衆しか集まらない。政党の党員も労働組合員も激減し、不信が不信を呼んでいる。

一部の政治責任者が巻き込まれた「汚職事件」[1]は確かに、こういった政治への関心の喪失をある程度説明してくれる(緑の党のメンバーは誰もこのような逸脱行為に関わっていない)。といっても、「汚職事件」は昨日に始まったことではない。政治の責任者、とりわけ伝統的左派の責任者が自分達の無力さを認識し始めた時だけに、「汚職事件」はそれだけ重大なものになった。彼らは、経済自由主義と金融のグローバル化を進めるより他に可能な政策はなかったと説明し、健全な環境を求める市民の願いを無視して、財政の均衡の尊重とリアリズムの名の下に貧しい人々を悲惨な境遇に委ねることによって、右派も左派も結局は同じだという見解を、世論の中に、とくに大衆層の考えの中に打ち立ててしまったのだった。左派が無気力から抜け出し、保革共存政権の枠組みにおいてではあるが再び政権に戻るには、一九九五年五月のシラク＝ジュペ右派政権の成立、その社会保障制度改革などの乱暴な国家改革の実施、およびそれが引き起こしたリアクション〔一九九五年の秋から年末にかけての公共交通機関を中心としたストライキ〕が必要であった[2]。

われわれは、あたかも政治危機が存在していないかのように行動するのではなく、危機を乗り越えるのに役立ちたいと思っている。市民が議論したり行動したり理解し合うために集まらないなら、民主主義は不在ということになるし、市民の政治活動がなければ、自由は存在しなくなる。もしわれわれが一斉に政治活動をしないようになれば、組織された活発な経済的利害だけが優位に立つことになるだろう。われわれが一緒に未来をつくっていこうとしなければ、われわれの社会に未来などまったくないのである。

かつては時々言えたように、すべては政治である、などとは言わない。「政治をする」やり方は多様化しているのであって、ある政党に加入したり選挙に出たりすることに要約されるわけではない。政治活動は、市民参加や社会参加の形態を再生させていくことによっても行なわれるのである。

フランス社会の組織化と発展の様式は「持続不可能」である。というのも、このような様式は諸個人間、集団間、地域間の不平等を引き起こし、再生不能な自然資源を無駄遣いし、共有財産のいちばん重要な部分をいつも独り占めする少数者の利益になるように自然遺産を破壊してしまうからである。またこの組織化と発展の様式は、生活様式を一律化し、文化的特殊性を失わせて画一化された製品の大量消費を強要する――権力を集中させ、諸個人から自分の将来を決める力を奪ってしまう――が故に、持続不可能である。

われわれは、この発展様式に持続可能な発展を対置する。持続可能な発展とは、将来世代が自分達の欲求を満たす可能性を損なうことなく、もっとも貧困な人々を初めとする現代世代の欲求を満たすことができる発展である。

ただ単に自然資源を慎重に節約して使うことや、困っている人々にもっと耐乏生活をしてくださいと頼むことだけが問題なのではない。政治的エコロジーの中心には、社会的公正および平等の問題が存在しているのである。

民主主義が一般的利益を表現したり市民の長期的欲求を考慮したりできる条件の下で機能しないなら、何も変わりはしないだろう。一般的利益は頭ごなしに決まるものではない。それは、真に民主主義的な枠組みの中で引き出されたり刷新されたりする、社会的妥協の結果でしかありえない。社会に紛争があるのは正常であり健全なのであるから、われわれは、保守主義を揺さぶり現行の富や権力の分配を問い直しうる唯一のものとしての、社会変動の表現である社会運動に疑問を抱いているわけではない。

また、共産主義の生産手段の共同所有、計画経済の挫折によって、資本蓄積や金融の世界化、人間活動の全般的商品化が人類の唯一の可能な将来と考えられようになるにちがいない、などとわれわれも思っていない。もう一つの社会的・経済的組織化が発明されなければならないのであるが、しかし、社会のもっとも耐え難い側面を修正すればそれで済むというものではないだろう。もう一つの社会的・経済的組織化を発明しようとすれば、それが分岐して多方面にわたるであろうことは当然である。われわれは、すぐに使えるシステムや明日の社会のための出来上がった制度設計を携えて登場しているわけではない。いくつかの価値や目的を導きの糸としながら、民主主義的な議論や長期的観点から組織された対決によってそういった将来を一緒に築いていくことこそ、われわれの提案するところである。

訳者注

〔1〕フランスの政界では、汚職事件が頻発している。とくに、社会党出身のミッテラン元大統領の側近であったデュマ元外相が旧国営石油企業エルフ社に関連した汚職事件（台湾へのフリーゲート艦売却に絡む

事件）で逮捕されたことは、政財界に衝撃をあたえた。二〇〇一年六月に、デュマをはじめとする被告人に厳しい判決がおりたが、デュマは「これは私だけの問題ではない。エルフ社関係の政治工作はミッテラン大統領も了解の上でやったことだ。当時の政治家達は与野党を問わず関連している」という意味のことを言い、控訴している。一九九七年に発足したジョスパン首相の左派政権は、ミッテラン時代に距離を置く政治姿勢を示そうとした。また、シラク現大統領が市長時代のパリ市役所を舞台にした職員の架空雇用による公金横領事件で、シラク大統領の側近中の側近であるジュペ元首相が起訴されていたが、二〇〇四年一月に一〇年間の公職選挙立候補禁止の有罪判決を受けた。ジュペは、シラク大統領の支持母体である国民運動連合（ＵＭＰ）の党首を辞任する考えを表明した。

〔2〕シラク大統領は一九九七年四月、国民議会の繰り上げ解散を発表したが、投票の結果、右派の与党が敗北し、社会党を中心とするジョスパン連立左派内閣（一九九七〜二〇〇二年）が発足した。これは第五共和制下で三度目の保革共存政権である。

第一章

政治的エコロジーの価値基準について

われわれの提案は、政治的エコロジーを基礎づけるいくつかの価値基準に基づいている。

自律

とりわけ一九六八〜一九七〇年の異議申し立て運動から生まれた政治的エコロジーは、国家管理主義と、人類の進歩の道具としての生産第一主義に対立しており、伝統的左派の政党との違いの一つをそこに見い出している。人間や集団の自律を認める社会をめざした緑の党の闘いは、このような運動の延長線上にある。

左派と右派とのもっとも伝統的な議論の一つは、調整の役割において国家と市場にそれぞれどの程度の重要性を与えるべきかというものだった。フランスでは、政府の政策は「大きな国家か小さな国家か」、あるいは「大きな市場か小さな市場か」という見方から評価され続けており、いまだにしばしば、露呈する「国家管理主義の程度」に応じて左寄りか右寄りかが判断されている。

緑の党はこのような二元論的な見方を拒絶する。というのも、この見方は、政策そのものの性質やその政策を受けるのが誰なのかについて何も言わないからである。緑の党は、国家と市場という要素の他に、社会の状態に関する評価、つまり、社会が人や集団にどれだけ自律を認めているかという第三の要素を付け加えることを提案する。

われわれは社会全体を、国家あるいは市場の影響力の増大に抗して、より多くの自律を享受できる方向へ引っ張っていきたいと思っている。だからこそ緑の党は、〈もっぱら利益を追求する経済の「論理」に依存せずに、自分自身で決めた原則や条件に従って生きたい〉という、われわれ同胞の中で増え続けている望みに合致する社会的連帯経済の発展を支持するのである。

連帯

連帯は、「将来世代がその欲求を満たす可能性を損なうことなく、もっとも貧しい人々を初めとする現在世代の欲求を満たすことのできるような発展様式」という、持続可能な発展の定義のまさに中心に位置している。

連帯は、周辺化された「プロレタリアート以下」の層を養うのに必要な範囲とか、社会紛争を避けるのに不可欠な範囲だけに限定される再分配ではない。それは、社会編成の原理であるべきものだ。連帯は、すべての人の間で機能しなければならない。それは、世代間の関係に関わっている（例えば、現役の人々が退職した人々の年金を賄う、再配分による年金制度が存在している）。職のある人と職のない人、病気の人と健康な人、裕福な人と貧しい人、北と南との間に、連帯があって然るべきである。

平等

平等のための闘いは、政治的エコロジーの重要な要素の一つである。平等は、古き良き思想であるが、多くの人々はそれを東欧のスターリン体制の廃墟に葬ってしまいたいかのようである。しかし、われわれにとって、平等は依然として重要な価値であり続けている。

多くの中間階級が出現したにもかかわらず、豊かな人々と貧しい人々との格差が広がって社会がむしばまれてしまった。貧富の差が拡大すると、誰もが受け入れられる枠組みの中で共同生活を可能にする社会契約を再構築するチャンスが失われてしまう。

富を再分配するための主要な道具である税金については、以前から右派が、そして今では、現代的と自称する左派政党が、効率と成果を理由に異議を唱えている。しかし、そのような効率は、一部の人々を悲惨さと失望のどん底に沈めてしまうのであって、われわれが認めるものではない！

すべての人は人間として平等であり、何人も、この根本的な考えをわれわれに放棄させることはできない。われわれが行動するのは、地球の保護された一部を利用し続けることができる少数者の特権を守るためではない。少数者の特権を守ろうとするエコロジーは、社会を支配する人々が自分達のためにずっと行なってきたものであるが、他方には、騒音や汚染にさらされ、窒素や殺虫剤まみれの水を飲み、混ぜ物入りの怪しげなものを食べ、汚れた空気を吸い、荒廃した環境の中で生きている多数の人々がいるのである。

緑の党は、守られた環境を利用する権利が誰にもあることを認めないような環境保護などあり得ない、と考えている。だが現実には、しばしばもっとも弱い人々が、公害や汚染、大きな産業事故あるいは天候上の災害の最初の犠牲者にもなっているのである。

責任

責任の概念は友愛の概念よりも、あらゆる人々を結びつける絆についてもっと的確に表現している。それは、「同じ船」に乗っているという漠然とした感覚以上のものである。責任をもつとは、自分の行為の一つ一つが他者に影響を与えてしまうことを自覚することである。汚染は世界中に広がるので、地球の反対側に住んでいるような他者にも影響を及ぼすことになる。また、責任をもつとは、われわれ一人一人の行為が将来世代にも影響を与えてしまうことを自覚することである。なぜなら、現在の発展様式が持続しなくても、破壊はずっと続くからである。現在とは別の働き方をし、別の仕方で生産し、消費の仕方や時間の使い方を変えて自分の人生の主人になることは、自分の将来にも社会の共通利害にも責任を持つようになることなのである。

男女平等

男女同数法《パリテ》〔男女の数は同じなのであるから、意思決定にも男女が同じように関わることを保証する法〕は男女平等のための闘いの一側面であるが、いまだに男女間の不平等がまかり通っている。同一労働なのに給料は女性の方が低いとか、労働日が二倍であるとか、真っ先に失業するとか、昇進に不平等があるとかいったように、先進諸国でも状況は同じである。さらに発展途上諸国では、女性の抑圧が貧困の大きな原因の一つにもなっている。

民主主義に関する伝統的な議論は、男女平等を強制するための特別措置を人類の普遍性に対する拘束と考えて、それを選挙に関して実施することを拒絶する。平等が尊重されるには、男にも女にも同じチャンスを与えれば十分だ、というのである。だが残念ながら、これまでの経験が教えているように、女性に有利になるよう強制する措置がなければ、男女平等はまったく進まないし、人類の普遍性に基づく価値がどのようなものであろうと、議論や教育だけでは不十分なのである。だからこそ緑の党は、ずっと以前から党内の役職や職務の割り当てに男女平等を課してきたのであり、また、一九九七年来この方向でとられているフランスの措置を支持しているのである。

自然と環境を尊重する

自然は、できる限り収益が得られるように管理される、自由に処分できる自然資源という「資本」であるばかりではない。それなのに今の社会は、自分達を養ってくれる土壌や生活が組み込まれている空間、またそこに生息する動植物種を無料の資源として、あるいは都市文明の拡大やレクリエーションの場として捉えており、経済成長にとって障害になると考えることさえしばしばある。

自然に関わる真の政治は、われわれ人間に自分の属する世界を意識し直させるような、深層《ディープ》エコロジー[1]の絆を再構築していくものでなければならない。

民主主義

民主主義を、一定のあいだ決定権を委任する代理人を市民が選ぶ権利に還元してはならない。もちろん、この代理人を選ぶ権利は民主主義体制の基本的な構成要素であるには違いないが。

また選挙は、社会に存在している政治的勢力関係ができるだけ正確に現われるように保証すべきものである。それゆえ緑の党は、すべての選挙が比例代表制で行なわれることを支持する。そして、行政府は、可決された法案を遵守しなければならない。

民主主義はまた、多数決に還元されるものでもない。少数派の権利が守られ、反対派の活動が保証されなければならず、できれば反対意見が理解してもらえることが必要なのだが、現実はまだほど遠い状況にある。

市民は、選挙の度に義務として投票に行くだけ、というような選挙人にすぎないのではない。だから緑の党は、参加型民主主義を押し進めていきたいと考えている。といっても、「悪しき政治」に「良き市民社会」を対立させているわけではない。市民社会はさまざまな異質な要素から成る現実なのである。狩猟連盟もあれば釣り人協会もあり、原子力のロビイストもいればその反対者たちもおり、フランス企《メデ》業《フ》運動〔日本の経団連に相当する経営者団体〕[2]も労働組合もあるし、近隣のゴミ焼却炉に反対する連盟もあれば道路の騒音に反対する団体もある、といった具合だ。しかも、代議制による団体も、そうでない団体もあるのだ。選挙で選ばれた議員や行政の責任者達は、まさにそのような「浴槽」の中にいる。しばしば激化する利害対立の中心に置かれる彼らは、妥協を探して、たいていの場合、抵抗のより少ない方向に進んでいくのであるが、参加型民主主義を生かすということは、このような現実を認識することである。それは、決定に通じる裏取引を陰で展開するより、現実の状態をできる限り明るみに出していくことである。また、強力な機関を利用できる者ばかりか誰もが自分の考えを広げていくことによって、公的決定権を持つ者を動かしていくことである。フランス電力（ＥＤＦ）や核燃料公社（ＣＯＧＥＭＡ）や原子力庁（ＣＥＡ）の有する手段は、反原発協会の有する手段とは比べものにならないほど大きいのであるし、農業組合全国同盟（ＦＮＳＥＡ）や共通農業政策を遂行する行政機関の人々とそれに反対する人々との間には何も共通するものがないのである。

公的決定はますます複雑で大きな影響力を持つようになってきており、監視の対象にもなっている。企画や計画の主要部分を認めたり中止したりする前に市民が協議する新しい形態、つまり、当事者全員の考えを突き合わすことができるような調停形態が考案されるべきである。市民会議や公的討議、フォーラムといった真の公的議論の表現形態はどれも正当なもので、必要な限り行なわれなければならない。民主主義には時間がかかるので、多忙な企業はそれを時間と金をロスさせるものと考えるかもしれないが、民主主義のコストは、オフィスや企業の中で秘密裏に決定をした人々が犯す過ちよりも高くつくことはない。また、秘密裏に行なわれた決定がしばしばもたらす悲惨な結果は、かなり後になってからしか表面に出てこないのであり、それゆえ、民主主義的な議論には時間がかかりすぎるなどとは、けっして言えないのである。

ローカルとグローバルの連続性

緑の党にとって、個人的行為と集団的結果との間に断絶はない。世界の大問題に関する議論と、日常的な行為は切れていないのである。人の理解を超える問題などないし、小さな問題と大きな問題――前者は普通の人に、後者はこの世界の指導者に割り当てられる――が存在しているわけでもない。われわれの直面している状況はすべて人間の状況であり、誰もがその解決に貢献することができるのである。われわれが行なうべき行為を誰かに委任することなどできない。なぜなら、ここと今の問題は完全に世界の問題とつながっているし、また、世界の問題の解決は小さな問題の解決を介して行なわれるからである。

多元性

人間とその権利の尊重に基づく諸価値の普遍性は、それら諸価値が体現される形態の多様性が保証されない限り、真に重んじられることはないだろう。均等化や大量化や画一化に抗してわれわれは、文化や文明の多様性、個人企業家やオルタナティブ企業にも活躍の場をつくる経済の多元性、技術的・科学的選択の複数性といった、生き方の多元性を守っていく。

予防原則と不可逆性

歴史の流れや人間社会の進化を前もって指し示す指針など存在しない。重要で大きな影響をもたらす経済的・技術的・社会的選択は、進歩や不可避性、競争力維持のための必要性という名の下で行なわれるが、これら選択の長期的影響が認識され評価されることはない。遺伝子操作された生物が環境に散乱する場合や、一〇〇万年も放置するしかない廃棄物を伴う核エネルギーに頼る場合が、まさにそうである。

われわれの幸福の源でもある、今日利用されている資源が枯渇してしまった地球を将来世代に残さないよう、注意しなければならない。われわれには、環境を不可逆的に破壊する権利もないし、自分達の短期的欲求を満たすために環境に深刻な損害を負わせる権利もない。これはまさに予防原則という意味そのものだ。予防原則は、科学的証拠がなくても環境に重大な不可逆的損傷を引き起こすような原因を減らしていくために行動する、あるいは、そういった結果をもたらすかもしれないような決定を差し控える、ということを課するものである。われわれは、人間の活動のあらゆる可能性が試されるべきだとは考えない。一定の状況では行なわないようにしたり差し控えたりすることには、近代化という名の下に犠牲を伴う愚行を冒すのと同じように勇気が要るのである。

修復よりも予防を

現行の公共会計システムによれば、社会の公式の富とその増加を測定するものは、財・サービスの商品交換総量、在庫品の増大、および資本蓄積である。この会計システムで同意される支出は、何かをするのに役立つか、なされたことの結果を修復するのに役立つかの支出である。吸収できないほどの窒素や殺虫剤の大量散布とか、無分別な農業経営で汚染された水を飲めるようにする浄化工場の建設が、国内総生産（ＧＤＰ）の成長に寄与しているのである。

人間活動のこのような見方はばかげている。公共政策は予防政策であるべきなのだ。公権力の責任はまさに、短期よりも長期的見通しを重視すべきであり、人類の共同遺産への損傷を回避することである。共同遺産が破壊されれば、その修復に地方自治体が莫大な出費を強いられることになるのだ。環境に当てはまることが、経済活動や雇用にも次第に当てはまるようになってきている。

訳者注

〔1〕深層《ディープ》エコロジー

アルネ・ネスによって提唱された考え方で、「深いエコロジー」と訳されることもある。環境破壊の原因として「人間中心主義」を徹底的に批判し、人間を守るという観点だけからの環境保護運動を「浅いエコロジー」として非難する。そして、人間は自然のとるに足らない一部にすぎないという観点から、非人間中心的な生命平等主義を主張し、一人一人が自らの世界観や価値観を改め意識変革を行なわなければならないとする。

〔2〕ＭＥＤＥＦ（メデフ）

ＭＥＤＥＦはフランスの代表的な経営者団体で、国家干渉主義に対抗する企業の自由主義の立場から、社会保障改革や税制改革、公務員改革、労使対話の改善、職業訓練制度改革などを積極的に提案している。

第二章

われわれの環境、自然、資源を守る

I　われわれの生きる有限な地球は社会的および環境的危機にある

社会的危機と環境危機の根源は同じである。つまり、進歩の唯一可能な原動力としての短期的利潤の追求に基づく発展様式、および、富の分配の仕方と自然資源へのアクセスを市場だけに任せる社会が、社会と環境の双方の危機を生じさせている。このような世界では、生命は「市場」によって評価される価値を有するだけであって、人間関係の商品化が全般化している。

開発の問題が議論されているにもかかわらず、不平等が拡大している。一九八〇年から一九九三年にかけて、最貧層である二〇％の人々が世界所得に占める割合は二・三％から一・四％に減少したのに対し、世界所得に占める最富裕層の割合は七〇％から八五％に上昇している。世界でもっとも裕福な三人が所有する財産は、貧しい三五カ国、およびそれら諸国に住む六億人に上る人々の国民総生産（ＧＮＰ）の総額よりも多いのである。また、もっとも富裕な上位二〇〇人の財産が、世界人口の四一％を占める諸国群の国民総生産を上回っている。一億人もの男女が飢えや病気で苦しんでおり、余暇や福祉はもちろん、食べ物や住居、教育、保健・衛生といった最低限の人間的条件にもアクセスできないでいるのである。

環境の破局的状況は今に始まったことではない。例えば、一九世紀の産業化の開始は環境を破壊することで大きな儲けをもたらし、都市は産業の中心であるために、早くから大気や水の汚染被害を被っていた。一八八九年にイギリスで作成された紫外線不足によるクル病罹災者の地図は、主要な産業都市がいかに汚染されているかを裏づけている。だが汚染とその影響は、悲惨であってもまだ局地的なものにとどまっていた。例えば、ムーズ渓谷（ベルギー南部に位置するワロン地方屈指の風光明媚な土地）では一九三二年に、冶金産業によって汚染された霧状の冷気が何日間も地面を覆う天候状態が続いて六〇人ほどの死者が出たし、また、一九三三年から一九三九年には、アメリカ西部の大平原の五〇〇万ヘクタールに及ぶ農耕地が過耕作のせいで風に運び去られて廃墟となり、何千人もの農民が移動せざるをえなくなったことがある。

こういった現象は一九四五年以後、どんどん加速しながらグローバル化しており、今や全人類にとってますます恐るべきものとなっている。しかも、二〇世紀の間に人口が一八億人から六〇億人に増加したのに、（農業組合全国同盟が言うように「世界人口を養うための」）生産性の高い農業の発展によって、生物多様性と農業の多様性が大きく後退している。南西アジアの稲作地の三分の二をたった一種類の稲が占めており、世界で消費される食物の九〇％以上が二六種類の植物から賄われているのである。危険性の高いモノカルチャーがあちこちで広がっている。生物多様性の衰退（何もしなければ、今から二〇二〇年までに世界の種の一五％以上が消滅してしまうかもしれない）は、世界中の遺伝形質を一人占めするための経済戦争をますます熾烈化させていくだろう。

また、数百年前には「味も価値もない無色の液体」と考えられていた水が、地球の発展可能性を大きく左右するような希少資源になっている。西欧諸国のように水が豊かな諸国における水資源の汚染はひどく、最悪の事態が懸念される。さらに土壌の過剰耕作によって、毎年、数千ヘクタールの土地がどんな耕作にも適さないようになっている。農耕地が破壊されると川の流量や水質が悪影響を受け、低流域に大洪水をもたらす。都市においても農業地域でも、土壌の不浸透性が増して同じような破壊が引き起こされることになる。さらに、今や大気汚染が公衆衛生の課題にまでなっている。

ところで、温室効果の増大は、このような社会的・環境的行き詰まりが重なったものである。先進諸国、とりわけアメリカは、温室効果ガスを大量に排出しているので、気候変動に大きな責任があるのだが、その最初の犠牲者は、発展途上諸国、特にバングラデシュなどの海岸に住んで何とか生きている貧しい人々であろう。将来、これら発展途上諸国が北の諸国をまねて同じ量の温室効果ガスを排出するようになれば、地球は生き長らえることができなくなるだろう。温室効果ガスのメカニズムやそれらの影響に関する認識は進んでいて、もはや注意ではなく予防的行動をとらねばならないことが分かっているのに、富裕な諸国は言い逃れをして、それをさらに先延ばしにしているのである。

現在の発展様式は支持することも持続することもできないが、それは、社会的に不公正で、環境の破壊を招くからであり、また、地球の人口の大多数が享受できないものだからである。経済成長が自然資源の限界にぶつかって、達成されるべき目標として示されるものが大多数の人々にとって関係のないものになっていくのであれば、もはや経済成長を解決策として説明することはできない。

政治的エコロジーは、資本主義のロマン主義的な批判や単なる「失われた自然へのノスタルジー」を超えている。だが政治解説者は、本心からなのかどうかは分からないが、政治的エコロジーの真の価値を無視してしまう。それは、環境破壊が起こるたびにエコロジストが呼び出されて、そういった破壊が起こらないように行動できなかったことを非難され、そのような出来事に対する全責任を負わされはするが、それでもエコロジストの提案はいっこうに聞き入れられないのはなぜか、ということとも関連している。エコロジストは、単に修繕して現在の発展モデルを緑に塗り替えることだけが重要なのではないという政治運動の大半が言い渋ることを主張している。つまり、現在の発展モデルの根底を変えて地球を救っていかねばならず、みんながよりよく生きていくための新たな社会契約を結んでいかなければならない、と考えているのである。

規格化され画一化された製品の大量消費が地球規模で発展しても、民主主義が進歩するわけでも個人的実現が前進するわけでもない。つねにより多く消費できるとか、日曜日でも商業中心地に買い物に出かけることができる――家族との生活や自分の生活のバランスがそのために犠牲になる――ということで、われわれの幸福が測られるのではない。いつも最新モードで行動して家電製品や車などを定期的に買い換えよという命令が、まるで幸福はそういう所にあるかのように下される消費「文明」においては、すべてが使い捨てであり、われわれは自分を見失ってしまう。緑の党は、速いことやすばやく移動することが、遅いことや、自分の周りの人々や物に気持ちを傾けてじっくり楽しむことよりも価値が高い、などと考えてはいない。そのような現在の社会モデルは自由を抑制し、妨げ、破壊するものであって、われわれはこのモデルに異議を唱えている。そして、自分の生活を自分で選択できる自由が再び見い出せるような、今とは異なる将来を一緒につくり出していこう、と提案している。

現在の社会は、「科学技術」との関連で危機に陥っている。一九世紀の実利主義的ブルジョワジーや、社会民主主義やスターリン主義によって歪められて継承されたマルクス主義は、人間と自然とを敵対関係にあるとみなし、人間が自分の自由を押しつけ生活条件を改善するために自然を支配すべきである、と考えていた。科学的認識と発見を技術的に応用することで自然から解放される人間の能力こそ、他の種に対する人間の優越性を示すものであると考えられていた。このような人間による征服を妨げるものは、反啓蒙主義的な考え方や古くからの相互信頼関係、あるいは、資本主義はすべての人類に「生産諸力」の無限の発展を保証できない、ということだけであった。

二〇世紀の末には、このような考え方に厳しい非難が加えられるようになった。狂牛病の危機や集約農業による水質汚染、遺伝子組み換え作物（GMO）、放射性廃棄物、産業の大事故、気候変動、等々に見られるように、われわれの行為の結果は自分達の理解を超えてしまっており、種々の新しい技術から引き出される短期的利益は中期的にもたらされるマイナスの結果によって大きく差し引かれる、ということにわれわれは気づいている。グローバル化した世界では、市場に出回るますます高性能化したテクノロジーが世界的影響力をもつようになるが、テクノロジー間の相互作用が次第に複雑化して、人間が制御できなくなってきている。

政治の責任者達は、刑法上の罰を恐れてびくびくおびえている。彼らは安心するために、確かなものを生み出してほしいと科学者達に頼んでいるが、確実なものをもたらすことなどもちろんできることではない。政治によって統治すべき公的問題を技術的に管理するこのようなやり方の行き詰まりは、日ごとに少しずつ明らかになってきている。また、そのようなやり方では民主主義も後退してしまう。というのも、公的利益は結局のところ、刑事法廷だけでは決定できないからである。

政治権力と科学との関係を急いで定義し直す必要がある。「専門家による査定」が求められることが多くなり、無制限の決定権を付与されていても通常の行政機関のように決定を説明する義務や責任のない、いわゆる独立した官庁や機関（電信・電話や電気に関する調整機関など）が増えているが、それに伴って民主主義が後退してきている。われわれは、科学的な専門家による評価の必要性を否定しているわけでも、何も分からない不確実な世界に住んでいると信じるふりをしていればいいと思っているわけでもない。すべての人が自分の役割を果たすことが重要だと言っているのである。一般に科学者は、専門に縛られていることから一歩踏み出していくことでしか、確実性を高めることができない。「職業的な」専門家はそういったことを自ら進んで行なうが、その場合、彼らはもはや科学者としてではなく決定に関わる人として自分の考えを主張するのであって、われわれはそのように受け取らなければならない。結局のところ、ある期間にわたって集団的に引き受けることを承認するリスクと、一定のリスクを避けるために支払わねばならないコストをめぐる社会的妥協を浮かび上がらせて結実させることは、選挙で選ばれた政治的責任者の任務なのである。そういった責任をどのような独立行政権力に委託しても、民主主義は必ず後退していくだろう。

今日、責任の所在が明確でなくなってきており、このためによりよい決定へのプロセスが妨げられている。責任の所在が不明確であれば、政治的責任者の責任放棄が助長されるが、責任を放棄するなら彼らの信用はさらに低下する。また責任の不明確化は、不確実な世界の中で公的問題を民主的に管理していかなければならない権力機構にとってふさわしいことではない。公的討議にもっと大きな余地を与え、論争のための時間をとるようにすべきであるし、また、政治的責任者は対立的な各種の意見表明から必然的に生じる決定を追認しているだけだ、と思わせないようにすべきである。政治の役割とその重要性はまさにここにあるのである。

II　自然空間と資源の保全

われわれの住む地球とその資源は無限ではない。このような意識が少しずつ現われ、それと共に、再生不能な自然資源を守り自然を保護せねばならないという自覚が生まれてきた。

自然に関するわれわれの認識には限界があり、今日まだ知られていない種もたくさんある動植物のうち、数世紀後に大きく変化した世界で生きる人間に何がもっとも寄与することになるのか、誰も予言することはできない。このような見方からすれば、「有害な」種などないし、また、役に立たない種など存在していないのである。

われわれは、今生きている世界全体に責任があり、そのあらゆる可能性を子孫のために守っていくべく自分達の行為や活動を自制する義務を負っている。

自然とその遺伝子および資源を保護する

自然空間と野生種が脅かされており、それらを保護する必要がある。それらはわれわれの共同遺産の一部で、われわれの生活の質の一部を成しており、したがってわれわれに無関係ではない。だからこそ、それらを守っていかなければならないのである。われわれは全面的に人工化された世界で生きているわけではない。人工化された世界環境は、多かれ少かれ装飾された一種の背景にすぎない。環境と呼ばれているものの一部を構成するわれわれ人間の長期的生存条件は、生物多様性や自然環境や感覚で捉える領域、つまり、無価値のように思われるものすべてを保護することにかかっている。それにひきかえ、クルマや携帯電話といった人工化された環境がなくても、われわれは生きていくことができるだろう。

沿岸地域保存基金は、一九七五年に創立されてから今までに、フランスの沿岸地域の一〇%を獲得した。土地に対する人口圧力がますます強くなってきているだけに、沿岸地域の三分の一を早く保護下に置くように沿岸地域保存基金の影響力を強めていく必要がある。海と沿岸地域に関する政策は、沿岸地域の持続可能な発展に貢献するものでなければならない。それは、一九八六年一月三日の沿岸地域保護法を厳格に尊重することや、海洋環境配慮型の経済活動（釣り、貝の養殖、塩田開発、海藻の養殖、等々）を維持することに基づく持続可能な地域発展計画によって、また、エコツアーの発展や、海とか沿岸のすばらしい空間を保護することによってなされていくだろう。

今や、生物多様性の保護に関するEU共通政策は、「ナチューラ二〇〇〇」（保護すべき重要な地域と動植物のリストを指定した、EU（欧州連合）の生物多様性の保全手段）の指令として存在している。フランスは、欧州の生物地理学的に重要な地域を含んでいて、一級の生物多様性を保持しているだけに、とりわけこのナチューラ二〇〇〇の指令に関わっている。にもかかわらずフランスは、相変わらず生物多様性の保護に関する共通政策を実施せずにぐずぐずしている――EU加盟国の中でぐずぐずしているのはフランスだけではないが――。好機を逃さないならば、まさに生物多様性の保護という新しい考え方が、ナチューラ二〇〇〇の指令と共に日の目を見ることができるだろう。バルニエとルパージュの両大臣によって事態が悪化したことに加えて、ＥＵの手続きの複雑さがさらに事を難しくしているが、われわれは、この生物多様性保護政策を有効に実施するための条件を定めるために、関心あるすべての政党と共に大規模な全国会議を開くことを提案する。

環境の保全を自然の「エリート」、つまり、もっとも美しくて希少なものが存在しているところに限定することはできないし、また限定してはならない。「普通のありふれた」自然、すなわち、都市の中心部を含む、各人の生活の自然環境も同じように、生活空間の整備を担う現行の政策によって保護され修復されなければならない。

山岳地帯で大型の捕食動物が自然に、あるいは人工的に回復したとしても、それがすぐに、牧畜の存続を脅かすことにつながるわけではない。あまりにも長い間きわめて少数の人だけが狩猟紛争に関わってきたので、環境保護という本当の課題が片隅に追いやられることになってしまった。緑の党は狩猟を禁止することに賛成しているのではなく、ただ、共同の自然遺産の保護に関する指令や法律を尊重するよう要求しているのである。

一方では集約的牧畜が、他方ではペット用動物の都市化や多様化、さらにさまざまな種の国際貿易が、人と動物との関係に関する重要問題を提起している。飼育されている動物の幸福がＥＵにおける規制の第一目標であるが、しかし、それではまだ十分ではない。緑の党は、関係するサービス活動を関連づけることができるような、動物保護のための各省間の推進委員会の設置を提案している。そのような推進委員会は、さまざまな行為主体と協議しながら、家畜動物を虐待からよりいっそう守るための法律や、動物保護サービス組織の設置と支援、販売ルートの管理、獣医学的資料の欧州内での相互利用、繁殖しすぎたときの不妊手術の援助などについて提案するだろう。さらに推進委員会は、運送時間の制限や違反した場合の罰則、望ましい取扱いの奨励といった、牧畜の管理や取扱いの改善をめざす一連の措置について取り決めるだろう。

国立あるいは地方の自然公園は、われわれに絶好の機会を提供しており、また、地方発展の成功例になっていることもしばしばである。しかし、この分野ではすべてが実現され成功した、と考えることはできない。例えばガイアナ〔フランスの海外県。世界で最大規模の原生の熱帯雨林が残っている〕やイロワーズ海〔ブルターニュ地方の海で、世界でもっとも純粋な海水として知られ、ユネスコ生物保護地域に認定されている〕では重要なプロジェクトが何年も前から検討されているが、絶対に達成させるという意志をもってそれらと取り組んでいく必要がある。

森林は、環境問題（温室効果、自然保護、生物多様性）の中心であるばかりか、地球の経済的問題（木材やバイオマスでできた再生可能な資源）の中心でもある。また、森林はとりわけ大都市の近郊で休息や文化の場として重要な役割を果たしている、ということを忘れてはならない。経済的圧力に直面すると、環境問題を考慮することがしばしば難しくなる。現行予算を再編すれば、森林関連の公共サービス（動物相や植物相の保護、余暇空間の管理、等々）に資金を出したり、私有林管理のための資料収集機関を設置したり、それらを運営していくことができるようになるだろう。

フランスの温帯林は、都市化や交通・輸送手段の細分化、生活の標準化、動植物の衰退、生産サイクルの短縮などに脅かされているが、すでに大規模に行なわれているクローン技術の開発や遺伝子操作は、生物多様性にとっても脅威になっている。国有林管理の質は、産業圧力団体や地主から独立した真の森林品質証明を出すことや、品質管理に役立つ環境条件を整備することによって守られるだろう。

良質の水を取り戻すための闘いは重要な目標である。水道の蛇口に配水された水が飲めず、ボトル入りのミネラルウォーターを各世帯が買わざるを得ないということなど、とうてい受け入れられない。それは、慎ましい収入の家計にとって大きな出費になるばかりか、運送や配達の集中が引き起こされるし、それほど遠くない所であっても歩いて運べないために車での買い物を強いられることにもなる、というように、エコロジー的に見て常軌を逸したシステムである。緑の党のD・ヴヮネとY・コシェ議員が準備し、国民議会の第一読会で可決された水法案は、水資源の持続的な管理政策の道への重要な一歩となるだろう。この水法案が国民議会で採択されて、できるだけ早く実施に移される必要がある。

大気の質は多くの人々の大きな関心事であるが、その関心が高まるのは、汚染ピーク時直後に制限措置が敷かれる時である。しかし問題は、大気汚染の根本的要因に対する持続的な取組によってしか解決できないだろう。大気汚染は公衆衛生の課題になっており、行動することが急務とされている。

騒音に対する闘いは、環境政策の優先性を確立する闘いでもあるだろう。それは、騒音の排出源（列車の車輪やブレーキの種類、クルマのタイヤ、夜間飛行の禁止、等々）を減らすことや、公式レポートで指摘された数多くの「騒音被害地帯」の近くに住む住民すべてを保護する緊急の環境整備によって行なわれる。

廃棄物に関する管理政策は一九九七年以後、「すべての焼却処分」の中止措置や分別回収およびリサイクルの発展を伴いながら飛躍的に進んでいる。そのような新たな取組のあらゆる成果をもっと有効な廃棄物管理政策へと発展させていくには、発酵可能なゴミ・生ゴミ・農業ゴミ・汚水処理場の沈殿物などのコンポスト化やメタン化を促進するという課題をこなしていかなければならない。大気への排出基準を守らないゴミ焼却施設は、近いうちに閉鎖されるだろう。産業廃棄物を管理する適切な施設がまだない地域には、それを早急に設置するようにする。廃棄物管理の次の段階として、包装ゴミを初めとするゴミ排出量を減らすための断固たる政策をとらねばならない。例えば、包装容器を回収して再利用したり、産業廃棄物や建築ゴミの処理施設を設置したりする努力が必要である。

環境政策を何によって進めていくか

環境保護に関するEU指令[1]や法律や規則の条文はすでに数多く存在している。さらに、討議中または準備中の法案もある。それなのに、特定の地域に生息する動物種や植物種、人間を取り囲む環境や空間、自然資源の状況は全体的に悪化し続けている。それは、環境法規が適切に応えていないからではない。それらを実施しようという政治的意志や実施に移すための財源が欠けているからである。

今や全世界によって好意的に受け取られている持続可能な発展に関する議論が、環境省はもはや不要であるとか、環境問題に世界中の人々が取り組んでいるのだからそれを強化していく必要はない、といったことを正当化する口実にさえなっている。それはあたかも、われわれの健康は環境の質や労働条件や食べ物に依存しているのだから保健・衛生省など要らない、と言っているようなものであり、間違いである。なぜなら、もし本当の環境政策を行なう政治的・財政的・行政的な措置が実施されないなら、そして政府や行政府の組織が期待される新たな任務に応じられるよう再編成されないのであれば、環境保護などあったものではないからだ。

複数の省庁間に関わるような政治的諸問題がますます多くなっており、政治は次第に特定の省庁を超えたものになってきている。このような現実への対応は、一九九七年以降のものも含めて間違っている。それらは、あらゆる問題の解決を首相官邸に任せて首相やそれに属する行政部門に決定させるとか、諸政策の実施に責任を負う行政組織の監督を複数省庁間で分担するといった対応である。しかし、こういったやり方から生じるきわめて明らかな結果は、国家の機能停止であり、行政機関の無能力さであり、行政活動に対する実質的な政治的指導力の欠如である。

環境保護政策は確かに複数の省庁間に関わっているが、それでも環境担当大臣は、関係する大臣と協議しながら環境政策の決定と実施に責任を負うべき者として、はっきり任命されなければならない。それは、保健衛生と環境との関係を含む保健衛生問題のあらゆる側面に関する保健衛生政策に厚生大臣が責任を負い、農業大臣が農業政策に責任を負うのが当然である、ということと同じである。それゆえ、政府組織や各省の政令は、その権限と責任の所在を明確にしなければならないだろう。また、行政上の責任があいまいな、中央官公庁の部局や公共施設に対する一本化されていない監督は、廃止してしまわなければならない。

環境大臣が任務に見合う責任と権限をもつために

・国土整備を環境に帰属させることは当然の理であり、国土整備地方振興庁（DATAR）を、首相官邸ではなく環境担当大臣の下に置く。

・いわゆる産業発展の機能はいまだに経済担当大臣に任されているが、特定の危険な施設の管理・監督は環境大臣が一人で担っているのであるから、地域圏産業・環境研究局（ＤＲＩＲＥ）は環境大臣だけの責任下に置かれるべきである。特定の危険な施設の視察官の数をここ三年の間に倍増する。原子力の安全性は、他の危険な施設とは異なったやり方で扱わなければならない。

・気候変動に関する国際交渉は環境大臣の主要な管轄に属するものであり、温室効果に関する関係閣僚会議は、エネルギー抑制や再生可能エネルギーを所轄する部局とまったく同じように、環境大臣の管轄下に置かなければならない。

・地方の環境管理は産業の環境管理と同じように、県農業部（ＤＤＡ）や県設備部（ＤＤＥ）、県保健・社会福祉局（ＤＤＡＳＳ）の中で環境省の権限を代行する各種の部局が集まった、県の管轄局で行なわなければならない。環境省は最終的に、地方環境管理計画の作成や実行だけに関わる公務員を備えていくようにする。

・主要な環境政策に割り当てられる公的資金は、一括してより効果的に運用することができる。緑の党は、林野庁や漁業審議会や狩猟庁を統合して、地域の動物種や植物種および自然や森林空間の保護を担当する大規模な公的機関を設置し、環境庁の管轄下に置く、という案に賛成である。その場合、環境・省エネ庁（ＡＤＥＭＥ）は、自らに与えられた責任、つまり、エネルギーや再生可能エネルギーの領域における責任を引き続き果たしていくことになる。

・環境・国土整備省の予算は、次の立法議会会期の中頃から国家予算の一％を超えるようにすべきだろう。

・現在は国家予算の〇・四％でしかない環境保護のための財源を、五年の内に倍増させる。
・立法議会の会期が始まると同時に、水法案を最終的に可決させる。
・汚染者の告訴と処罰を可能にする、不法大気汚染罪を創設する。
・家庭ゴミおよび産業廃棄物の大幅削減計画を実施する。
・ゴミの分別とリサイクルを普及させる。
・ゴミ焼却炉の建設を凍結させる。
・協同や参加に基づく生活を促進する。自然を保護していくには、粘り強さの見本であり、放棄・落胆・暴力・侮辱を拒む手本としての非営利団体《アソシエーション》が不可欠である。非営利団体は慎重であるし、しばしば有能な管理能力を有しているので、それらに当てられる資金を増額する必要がある。適切な財政措置は、非営利団体を持続させていくのに役立つだろう。

Ⅲ　共通農業政策を改革する

農業は、もはや四五万人の専業者しかおらず、国内総生産の二％を占めているだけであるが、政治と社会の領域で重要な位置にある。なぜなら、国土の大部分が維持されるか悪化するかは、農業や林業に従事する者に依存しているからである。農業支出は依然としてEU予算の半分を占めており、欧州共通農業政策（CAP）[2]は管理経済の格好の手本になっている。食物は誰もの関心事なのである。

石炭と鉄鋼に関する共通政策後、共通農業政策は欧州建設におけるテコの役割を担ってきたが、それは長年の間、欧州経済共同体のただ一つの真の共通政策であった。この政策は四〇年前に、食糧不足の脅威をなくすには欧州による助成が必要だ、という明確な見地から創設された。この目標は達成されて、農産物の余剰が出始め、欧州の農産物加工食品の輸出はここ四〇年の間に世界一になった。

しかし、共通農業政策は、欧州を輸出大国にするために構想されたわけではない。共通農業政策は、輸入品に対する変動課徴金制度によって欧州の国境を効果的に保護することで、世界価格を上回る高価格を域内市場で保証しようというものだったのに、どうしてそれが欧州を輸出大国にしてしまったのだろう？　欧州の農業を現在のような状態に導いたのは、一九七〇年代における共通農業政策の方向転換、とりわけシラクとジスカール・デスタンによる扇動であった。欧州は、共通農業政策による農業生産性のめざましい発展がもたらした余剰生産物をうまく運用するために、世界市場で一役買うことになり、経済成長を追求する手段を世界市場に見い出して、それを使命にしたのだった。だが、今度は一九八六年から、欧州農業のこのような発展の道と、農業を世界貿易機関（WTO）の交渉分野に包括することが問い直されるようになった。WTOの交渉に合わせるために、農業従事者の収入への直接援助が価格維持政策に取って代わった。

生産および生産性が上昇するに伴って、何十万もの農家が消失した。農業労働力は都市で仕事を見つけることができるとずっと考えられていたので、農業世界で失業したり社会的絆が破壊されたりしても雇用はなくならないとされてきたが、農業経営や農業生産が集中したために農業従事者間の収入格差(クルーズ県の農業従事者の年間平均収入はオーブ県のそれの約二〇分の一である)が拡大し、また、一次産品の生産者は加工や配達の面でも弱体化していった。こういった状況は、ゲームのルールの見直しを求めるように農業従事者を導いていくことになる。

消費者の大多数は都市に住んで、農業従事者の手から離れた、自然のままの農産物とはほど遠い加工食品をますます口にするようになっているが、そのような消費者を狂牛病の危機が恐怖のどん底に陥れた。フランスの耕作地を保管する者として、また自然資源を保護する責任者として長い間考えられてきた農業従事者は、今や、過度に集約的な生産方法で国土を危険にさらしている、と非難されている。農業従事者は経済的・社会的機能ばかりか環境的な機能も果たしているのであるから、まさに農業のこのような多面的な機能をめぐって政策を立て直すことが必要である。

世界市場で一次産品を競争力の非常に高い相手国と同じ価格で売ることだけを目標に置くのであれば、欧州の農業は破滅に向かわざるをえないだろう。そのようなことは、欧州の農業がめざすところではありえない。農業に対する助成が意味をもつのは、それが消費者や環境、さらには農民自身をも尊重する、質の高い農業を優遇する場合に限ってのことである。

農業政策は、高品質の農産物を供給し、農業従事者に然るべき収入と労働条件を確保させ、とりわけ水資源や土壌の質のような環境を尊重すると同時に、快適な生活の枠組みばかりかエコツアーのチャンスをもたらす景観の維持に寄与し、農業者の職業移転を保証すると共に新しい農業者の入植を支援することで農業雇用の流出に歯止めをかける、といったことを可能にするものでなければならない。二〇〇三年以後、農業政策の将来は、WTO内部で行なわれる交渉とEU内部での交渉とによって決定される。

世界貿易機関の交渉

世界貿易機関（WTO）の交渉は、あらためて欧州共通農業政策（CAP）の正統性を問うことになるだろう。欧州共通農業政策は、多くの相手国には保護主義として受け取られており、また、輸出補助金のおかげで安く販売される欧州製品と競争しなければならない多数の発展途上諸国には自国の農業にとって危険であると考えられている。

欧州もフランスも選択を迫られている。多くの多様な農業雇用が創出されることに根拠を置く、欧州農業モデルとわれわれが呼んでいるものは、共通市場の最低限の保護を維持していかなければ保証されないだろう。しかし、輸出補助金は廃止しなければならないだろう。なぜなら、輸出補助金は正当化できないし、ほんのわずかの農業部門しか利さないからだ。もちろん同時に、アメリカが行なっている輸出のための貸付けも撤廃されなければならない。欧州は、輸出回復政策の廃止と引き替えに、アメリカの遺伝子組み換え大豆の輸入に取って代わる、動物の飼育に不可欠な植物性プロテイン（大豆や採油植物）の生産を推進していくべきである。

また発展途上諸国には、食糧主権の権利や、適切な関税障壁による農業保護の可能性が認められるべきだろう。

二〇〇三年から欧州共通農業政策を方向転換させる

現在、共通農業政策の補助金の一〇%は、一九九九年から共通農業政策の第二の柱になっている農村の発展に当てられているが、その九〇%は、一九九二年から実施されている保証価格の低下を補填するために設けられた市場援助に使われている（その三分の二は大規模耕作のために、三分の一は動物性農産物の奨励金に、残りは貯蓄場所の返却や改善に使われている）。

共通農業政策が環境保全農業を進めて、高品質の農産物を生産する数多くの多様な農家を維持できるようにするために、われわれは次のような改革方針を提案する。

・農産物価格の低下に対する補填金を少しずつ縮小していく代わりに、農村の発展のための補助金をその分だけ増加させる。農産物価格の補填金の減額は、二〇〇三年から二〇〇六年までに年に一〇%の割合で行なうことにする。

・奨励金はエコ優先ルールに沿って行なわれるが、その内容は農業大臣および環境大臣が定める。

・フランスは、耕作地当たりの生産高に比例させて助成金額を決定する、あらゆる社会的公正を犠牲にした助成配分システム——これは一九九二年に改革される前のフランスの制度であった——を廃止する。

・次の立法議会の任期期間中に、灌漑への割増助成金を撤廃する。実際、ヘクタール毎の助成金は、灌漑による臨時支出の増加にはまったくふさわしくないのである。必要かつ正当な灌漑は、地域圏のさまざまなレベルの自治体が関わる投資援助によって促進されることになるだろう。

・農村の発展のために支給される補助金はＥＵ加盟国によって共同出資されており、削減される額は市場助成削減額の二倍に等しくなるだろう。

・農村の発展を目的とする貸付金の管理様式は簡素化されなければならない。農業部門および農業界で創出され保護される雇用や、富が生産される環境の質的改善に関する目標およびその指標については、欧州レベルで定める。また、実施されるプログラムの評価は、それらの目標指標に基づいてなされるべきである。どのような結果が得られるのか考えないで手続きだけを尊重する現行の法的規制には、何の意味もない。またこの領域に、実験的試みをする権利や地方のイニシアティブを認めることが必要である。

・市場助成金は、農村の発展のための補助金と同様に、農家の耕作地面積やそれが雇用する労働力人口の数に応じて上限が定められるべきである。

・農地運営国土計画（CTE）は、地質や気候の面できわめて不利な状況にある国土（山岳地帯、特に湿地帯）の農家が、政府に効率改善と環境保護を約束して援助を受ける五カ年契約であるが、こういった農地運営国土計画を一般化していく。特に自然保護協会のような関係者すべてが県のCTE委員会に参加できるよう保証するのは、国家の責任である。

・小規模の農業経営や小さな協同作業場の経済的現実に合うように欧州の規制を定め直す必要がある。

有機農法を発展させる

有機農法の取組は始まったばかりで、まだなされるべきことは多い。われわれは依然として、フランスで消費される有機農産物の多くを輸入しているのであり、有機農法支援プログラムの相当な強化が必要である。有機農法を財政的に支援するだけでなく、技術や研究上の援助を行なうことも重要である。農業教育をこういった方向で改革し、研究のための支出を質の高い農業の発展に役立つように導いていかなければならない。有機農法への転換を支援するなら、二〇〇七年までに有効農業面積の一〇％が有機農法になるであろう。

遺伝子組み換え作物への援助と生き物に特許権を与えることを禁止する

遺伝子組み換え作物は、単に健康と環境にとっての脅威であるだけではない。それは何よりも、農家や消費者から農業や生き物を奪いとって、彼らを完全に経済的目的に依存させていくための、一部の多国籍企業の試みなのである。遺伝子組み換え作物の普及によって、農家やその環境から切り離された人工的農業への道がさらに一歩進められていくだろう。だからこそ、われわれは遺伝子組み換え作物に断固反対するのである。われわれは以下のことを要求する。

・生き物に特許権を与えることに関するEU指令九八／四四を見直す。

・遺伝子組み換え作物の栽培や実験を全面的に放棄する。EUレベルで獲得された遺伝子組み換え作物の栽培延期を続行させる。公的研究は、有機農法の発展や、殺菌・殺虫剤に全面的に取って代わる対策、農業システムの転換、特許競争よりも生物学的メカニズムの理解の重視、といったことをめざす方向でなされなければならない。

農業・食料・消費に関わる省を創設する

われわれが望んでいるような、農業と社会との新しい契約を実現させていくには、農業を農家だけの問題にしてしまう諸構造を変えなければならない。緑の党は、食料問題全般を扱う農業・食料省を創設することに賛成である。

農村をより民主主義的に管理していくために、以下のことが必要である。

・農業組合に完全な比例代表選挙制度を設ける。
・農村の共同資産に資格を認める法律をつくる。
・農業発展という目的に沿った、透明で公正な援助配分のメカニズムを確立するために、全国農業開発協会の改革を推し進めていく。

Ⅳ　海と沿岸地域を保護する

海と沿岸地域の持続的発展に関わる政策は、漁業資源の管理や海洋・沿岸の環境保護にも、安全な海運の発展にも、一貫したやり方で同じように実施されるべきである。

海と海岸を保護する

・海洋および沿岸の活動を担当する省をつくる。これは早急にとられるべき重要な決定であるが、海洋省を創設することによって、海洋や漁業や沿岸地帯に関する持続可能な政策の構築と実行が可能になるだろう。海と沿岸地帯の諸問題は、現在のところ、設備・運輸・住宅省、農業・漁業省、国土整備・環境省というさまざまな省の間でばらばらに管理されているので、政府は、それらの諸問題（海運と環境、漁業と環境）と取り組むために必要な横断的アプローチをとることができない。現在のままでは、設備・運輸・住宅省が海の安全や海洋資源および沿岸の保護を保証できないことは明らかである。

・環境の質に対する市民権を現行法につけ加える。リオの地球サミットの環境宣言によれば、人間によって引き起こされた他のあらゆる被害と同じように、環境被害にも補償と修復が施されるべきである。今や、この原則に実行可能な形を与えなければならない。そして、環境破壊の補償や修復の要求をわれわれの権利に変えて、国家や自治体が損害賠償請求人になることができるようにしていかなければならない。

海運の安全保証

世界の商品輸送の八〇％以上が海洋で行なわれている。海上輸送はもっともエネルギー節約的であるし、必要とされるインフラも他の輸送様式に比べて少ない。しかし、リスクがないわけではない。ただ、大惨事が起こらなければ、これまで経験したり告発したりしてきたようなリスクは考慮されないのである。重油流出によって海洋が汚染されて初めて、われわれは大型船舶が故障して大惨事が引き起こされることに気づき、その結果、ウェサン鉄道〔ブルターニュ半島の先端にある小島の鉄道輸送〕や航海用タグボートの利用を当局が命じられるようにする法的措置がとられることになったのだった。

しかし、自社の旗を掲げた大型タンカーの海洋汚染によって商標イメージが悪くなることを恐れた石油会社は、保有タンカーを処分し、大型タンカーを高収益の会社の手に移すようになった。すべてが輸送費切りつめの結果であったのに、タンカーの船主は重油流出による海洋汚染被害の弁済を不能であるとした。何百というタンカー難破の内でもとりわけエリカ号の難破[3]は、「つねにもっと安く」という政策がもたらす災いを示している。

海運における安全をより高めていくための提案を最初に行なったのは緑の党であるが、ここで、エリカ号の沈没から二年経って実際になされたことと、緑の党による「エリカ号の難破にケリをつけるための二五の提案」とを比較しておくのは有用である。

・石油会社の法的責任について、用船者の刑法上・民法上の環境責任を問うことができる法案が緑の党の議員によって準備されている。それは議会の審議日程に入っていないが、緊急に組み込まれるべきである。

・海運の安全について、国際海事機関（IMO）は航行技術基準の引き上げと強化を決定した。二重船体の大型タンカーだけはわれわれの求めるよりも長く航海できるようになるが、それは業界団体の圧力のせいである。国際海事機関で決議された新安全規則すべての欧州への適用猶予期間を縮めよう、という緑の党の提案は支持されなかった。

・船舶会社の責任を強化する。会社の無制限の民事責任を認め統制規定を導入するという、EU指令が採択された。だがこのEU指令は、欧州に登録された大型タンカーを運航する会社だけに適用される。

・便宜置籍国の船旗〔税金などの点で有利なパナマやリベリアのような国に船籍登録した場合〕を認めない。緑の党は、裁判に際して船旗を掲げる国が責任をとることを求めているが、これは、便宜置籍国の船旗を撤収させる唯一の方法である。

・「タンカー油槽のガス抜き」予防をし、精油所の廃棄物を処理する。マルポール条約〔船舶に起因する海洋汚染を防止するための国際条約〕の署名後二五年以上経って、フランス当局はようやく、港に適切な受け入れ手段を整備しようと決めたようであるが、いちばんの問題解決策としての検査官の人数は依然として大幅に不足しており、無秩序状態が続いている。また、精油所の廃棄物の輸出を石油会社に思いとどまらせるための措置は何もなされていない。

・船舶の検査を強化する。船舶が港に入ってくる前に行なう効果的検査は特に、われわれの港や水路に危険な船舶が進入してくるのを避けるための最良の解決策である。最初の検査を排他的経済水域（二〇〇マイル）内で行なわねばならないが、そうすることで、すべての必要な保証書を提示しない大型船舶の入港を拒否できるようになるだろう。また、港の本格的な検査を組織しなければならない。検査すべき船舶を絞り込んで、危険性のある船舶の年間検査数を最低限に抑え、常習犯の船を「追い出す」ことができるようにするなら、採択されたばかりのＥＵ指令は望ましい方向に向かうだろう。しかし、圧力団体が欧州委員会の要請を引き下げたので、フランスは検査員を十分に募集する財政措置をとっていない。

・独立検査官と欧州沿岸警備隊のために、安全研修の学校が設置され、欧州海上安全機関が開設準備中である。検査官の独立性を高めることが何もなされないならば、また、査察を行なう港によって検査官の厳格さが異なるならば、これらの決定は問題を自覚しただけでいかなる改善ももたらさない恐れがある。だからこそわれわれは、欧州沿岸警備隊の設立を支持する。

・船員の搾取に反対する。緑の党は、ケルゲレン諸島〔インド洋南縁部のフランス領〕の船旗を廃止し、海外自治領の戦旗を掲げる海運に、フランスの国内法を全面的に適用することを提案する。航行に国際社会の基準を適用することを最優先して、正当な権利のために闘う船員を支援しなければならない。海運の安全を改善することは、何よりもまず船員の権利を尊重することに基づいて行なわれるのである。

将来世代を考慮した漁業

ブリュッセルで議論がますます混迷さを増していることからも明らかなように、産業的漁業は水産資源の枯渇に直面して行き詰まっている。漁業や海洋自然資源開発はあらゆる沿岸地域にとって重要であり、海洋資源のこのような衰退が確認された以上、持続可能な管理政策を実施していかざるをえない。欧州共通漁業政策（ＰＣＰ）はこういった必要に応えておらず、沿岸地域の市町村の小さな生活単位をますます消失させている。また、販売に向けた漁獲量の統制もうまく行なわれていないか、まったく行なわれていない。もっとも基本的な生物学的制限を配慮しないような商業漁業の拡大は、究極的には資源の全般的衰退をもたらすことになるだろう。

極端に言えば、あたかも、より少なく支払う方が楽なために逃亡を引き起こすような乗組員で経済が成っているのである。さらに、発展途上国との間で不平等な漁業協定が調印されたが、それは、地域の手工業的漁民や水産資源の多様性を犠牲にして海底の過剰開発と海洋資源の略奪を組織化する、先進国と発展途上国との「協定」なのであった。

われわれは、将来世代に配慮し、また、運命を共にする沿岸地域の人々の生活を維持することができるような漁業のために闘う。漁業政策は以下のように行なわれるべきである。

・海洋資源の一貫した持続的管理を保証する。専門家の協力を得て資源を管理し（資源保護対策と認可制度）、割当て制度によってあらゆる魚類の漁獲量を規制する。二マイル海域内での漁業制限を守らせるために海上保安庁を出動させ、違反に対して制裁する。

・小規模漁業しか操業できない沿岸保護地域を指定し、フランスおよび欧州の調和的規制の枠組みにおける地域資源管理を尊重することによって、小型漁船に優先権を与える。

・沿岸漁業用の新型船をつくることによって、また、同じ基準で船舶を製造し直し安全基準を統一することによって、小型漁船を近代化していく。企業集中を抑制するために、漁獲助成に上限を設ける。補助金は、船主一人当たり一隻に限定する。

・資源管理に熱心な漁業会社を支援するために、漁業に農地運営国土契約（ＣＴＥ）を適用する。

・新しい漁業技術の研究を、「より多く漁獲する」ことから「よりよく管理する」方向に向けていく。これは、選択的な漁業技術を強化すると共に、もっとも資源荒廃を招きやすい技術に使用停止を課すことを通して行なわれる。

・商業化の規模に関する規制を、魚貝類の性的成熟度に合わせるために変更する。
・分類についての正確な情報（養殖魚なのか天然物なのか、漁場は欧州が最近開発したものなのか、等々）ばかりか、漁業技術や養殖技術についての情報（選別や繁殖の様式、餌の質、保健衛生上の取り扱い、等々）をも、消費者に開示する。
・養殖魚を育てるための大量の幼魚捕獲は海洋の自然資源を枯渇させてしまうので、幼魚捕獲だけを目的とした漁業をやめさせる。

V　空間および国土を整備する

国土整備政策は、持続可能な国土整備のためのいわゆる「ヴワネ」法（一九九九年）によって根本的に変革された。いまや、職住近接地域やわれわれが実際に生活している地理的領域――それは、二世紀前に定められ今もなお優位を保っている行政区分とは非常に異なっている――の周囲で郷《くに》（生活空間に合った大きさで、地理的もしくは文化的にまとまりのある地域）を再編成するという論理が、高速道路網の周囲に国土と空間を構築し、産業がもたらす環境破壊を公的資金で修復するという論理に取って代わりつつある。だが、決定がなされる地域とわれわれの政治的代表を立てる地域の間には隔たりがあり、その違いが現行の民主主義の大きな問題の一つになっている。だからこそ、郷や都市圏の議会を早急に普通選挙制にしていく必要がある。ちぐはぐで調和のない都市化や生産・サービス活動の集中によって環境や生活の質が破壊されたくないのであれば、困難ではあるだろうが、そのような転換を急がなければならない。

都市生活者のための都市建設

われわれは都市社会で生きており、フランス人の五分の四は都会か都市周辺部に住んでいる。これまで都市は、経済的進歩や近代性や社会的昇進の象徴であるクルマの利用を中心にしながら発展し、構築されてきた。空間の編成も経済的・商業的・行政的・文化的な居住条件の配分も、何よりもこの支配的な交通様式によって決定されているが、この交通様式は、環境を汚染し、エネルギーを浪費するばかりか、新たな空間的排除の形態をも生みだして社会的不平等を拡大しており、不安感をますますつのらせている。無秩序な駐車による公的空間の私物化や道路交通法違反は、軽犯罪として公然と非難される他の諸行為よりもましだというわけではけっしてなく、他の反社会的行為や暴力と同じように取り扱わなければならない。

われわれは、このような傾向を逆転させ、社会的・文化的・経済的な交流や融合を促進するような、都市経済の新しい発展様式の交通手段を創出していきたいと思っている。それは、空間をいかに合理的に利用するかとか、公共交通や無公害の交通機関による都市交通網をどのように整備したり制御したりするかという問題である。われわれが望むのは、すべての人に移動および交通の権利や居住権、公共サービスや余暇や文化への平等なアクセスを保証するような都市である。

富の社会的創出や生産の場である都市は、また、人種差別や落ちこぼれの追放、社会的排除、環境および経済上の排除が集中している空間でもある。傷つきやすい地域はどこも、大量失業、社会的または文化的な公共サービスの欠如、劣悪な住居、孤立化、中心街への交通の便の悪さ、今とは異なる将来のあり方について対話したり協議しながら共に考えたりする場の不在、といった同じタイプの害悪に苦しめられている。これら排除された人々が住む地区で勃発する暴動を鎮圧によって抑えようとしても、行き詰まってしまう。犯罪は、貧しく不安定な状況にある何百万人の男女が日常的に受けている社会的暴力の一側面にすぎないのである。一九六〇年代に建てられた住宅や建物にこのような危機の責任が負わされているが、都市政策を、当時の住宅の建て替えや建物の解体・改築の問題に帰してしまうことはできない。危機は建築上の問題ではなく、社会的・政治的・経済的なものである。だからこそ、そういった諸要因に働きかけねばならないのである。そのためには資金と意志が必要である。おそらくもっとも重要なのは、関係者の声を聞こうとする意志であろう。

居住権を保証する

住宅問題を市場の投機的論理に委ねることはできない。居住条件の質は人間の発達を根本的に規定する要因であり、自律的存在として、真の市民として生きることを可能にする諸権利を行使する上で、まずまずの住宅に住むことは必要不可欠の条件である。それゆえ居住権は、社会的・環境的公正のために緑の党が公約する基本的要求の一つなのである。

・居住条件をエコロジー化する。社会的融合政策が、特に移民やその子孫のような不利な社会階層を排除する、新たな偽装形態を正当化する口実になってはならない。環境問題はいずれも、居住や住宅の質とか、住まうことについての考え方と関連している。エネルギー節約、電気暖房の廃止、家庭ゴミの分別収集、騒音公害の防止、産業災害や・自然災害の防止、健康に害のないリサイクル可能な非汚染材の使用、等々が課題になるが、それらは、不動産開発業者や貸し主、設計技師、建設業者、地方自治体や住民といったさまざまな行為主体の考え方や行動や決定を問い直すものである。

・住宅政策の実施を地方分権化し、地方の行為主体に責任を負わせる。国家は、不動産市場への公的介入資金について決定し、個人向け住宅助成（ＡＰＬ）で必要な国民的連帯を確保することによって、居住権の尊重を保証する。住宅政策の推進力は地方の行為主体、とりわけ地方自治体でなければならない。なぜなら、同じ通達が中央山地のロゼール県とパリ首都圏にあるセーヌ＝サン＝ドニ県に画一的に適用されることなどありえないからだ。財政的にも法律的にも国家が社会住宅〔日本の低家賃公団住宅にあたる〕部門の永続性を保証しているのであるから、住宅社会手当の直接融資は地域圏に任せることができる。

付加価値税率軽減の特典を続けながら、社会住宅の不動産税を軽減することは、住宅に関する真の公共サービスの維持および近代化を保証していく上で必要な措置である。現在、半数以上の世帯が住宅を所有している。われわれは、社会住宅の取得をさらに促す政策によって社会的絆や連帯を強化する協同的形態が発展していくよう、望んでいる。社会的連帯経済に不可欠な構成要素として社会住宅を考えるべきだろう。また、低家賃住宅（ＨＬＭ）運動が、住居や地域を管理する住民をさらに緊密化させる共同管理形態に進んでいくことが必要だろう。低家賃住宅機関の法的形態およびその管理はそのような方向で展開されなければならない。

・また、社会住宅の割当てシステムを進めていく必要がある。社会福祉不動産事務所（ＡＩＶＳ）は、空室になっている住居の民間所有者に対し低家賃を条件に住居改善工事の財政支援を行ない、低家賃住居の不動産市場への登場を促進する役割を担うことができる。こうすることで、ＡＩＶＳは地方の公共機関になりうるのである。

排除が起こらないように、貧困家庭が住み続けられるように保証したり、適切な措置、とりわけ連帯住居基金を改善したりすべきである。多数の空室の住宅があるのに不動産市場では住宅が著しく不足している地域には、国家による収用措置を適用しなければならない。そのためには、空室住宅が収用できるように法律を変えていく必要があるだろう。

田園地帯の活性化

田園地帯、とりわけ農村地帯や森林地帯はフランス国土の八〇％を占めている。それゆえ、これら広大な空間をどのように利用し、保護し、管理していくかは、きわめて重要な問題である。

田園地帯を見捨てる一般的傾向は一〇年ほど前からほとんどなくなって、以前とは対照的に、都市圏の影響下にある農村地域では人口が増加していることが多く、人口が減少し続けているのはほんのわずかの農村地域の小郡だけである。とはいえ、農村地帯の市町村の農業人口は、長年にわたって過半数を割っている。だから、農民の役割が相変わらず主に耕作用空間を維持することに限定されているなら、農民はもはや農村の活力と経済的・社会的発展において副次的な役割しか果たさないことになる。だが、現実に存在しているのは「一つの農村」ではなく、「複数の要素からなる農村」であり、そのような多様な農村のあり方は、空間や未利用の土地、水、森林、動物相や植物相といった自然資源の使用をめぐる数多くの対立を生み出している。都市まで遠いとか、村(小集落)と村とが離れているといった状況は、人口密度が低い状況と相まって、日常生活や基本的サービスの組織化を困難にするし、高い移動コストは家計を圧迫して経済的に貧しい層を孤立させてしまう。それゆえ、公共サービスのあり方が再検討されなければならない。というのも、財政収入がしばしば少ない、人口密度の低い田舎の地方自治体には、インフラ、とりわけネットワーク(水、道路、電気、固定電話、携帯電話、高速情報網、テレビ)のコストが割高につくからである。

他方、田園地帯では、観光業など季節限定的な経済が恒例の活動に代わる傾向があり、そのために多くの固定費用が生じるが、それらは主として市町村や団体や県によって負担されている(道路、水道網、ハイキング用ルート、救急サービス、および「田園地帯の維持管理」等々)。その上、年に数カ月酷使される人間と自然資源が、残りの期間、再び地方自治体の手に引き渡されるのである。

ここ四〇年、フランスの農村地帯は生産至上主義的な農業や「国土整備」や新自由主義的世界化に支配された状態にあり、文化的特徴をなくして失望した一部の人々は、きわめて右寄りの有力者が組織し操作する民族主義的な政治的行動に加わっている。緑の党は、そのような生産至上主義的な農村ではなく、変化しつつある世界の新しいチャンスをつかみ新参者をも受け入れる開かれた連帯的農村という企画を提示する。それは、生活の枠組みや経済の持続可能な要素として環境を尊重する農村であり、地方発展の主要な担い手としての農村である。ここ二〇年来、新しい農村の輪郭が徐々に見え始めており、フランスの農村は元気を取り戻して、イノベーションの領域になってきている。だからこそ、職人や農民、公務員、労働者などによる、農村地帯の市町村に非常にたくさん存在している自主的企画すべてを結ぶ郷プロジェクトがきわめて重要になる。

国土の隅々まで公共サービスを組織しネットワーク化することは、農村地域が発展するための基本的条件であるが、とりわけ、次の二つの公共サービスが不可欠である。一つは、雇用に関する公共サービスである。なぜなら、田舎でも都市と同じように失業問題が深刻であり、失業から抜け出す可能性はしばしば都市よりも田舎の方が低いからである。田舎における雇用関連事業をいっそう発展させていく必要がある。二つ目は、住居に関する公共サービスである。というのも、値段が手頃でまずまずの住宅が不足していることは田舎にとって深刻な問題であり、貧困や生活不安や主体性の欠如の要因になっているからである。ところで、郵便局が小さな市町村に「郵便業務取扱事務所」のコストを引き受けるよう要請することなど、もってのほかである。逆に、郵便配達人が巡回する際に独居高齢者に他のサービス（例えばパンや薬の配達）をして、「郵便業務」のコストを減らすことができるだろう。農村では、正当化できる例外を除いて初等教育を閉鎖すべきではないが、一定の形態で教育を集団化すること（距離によって）や学校間の交流、インターネットなどの適切な地域的組織化は、きわめて遅れたクラスのマイナスを効率的に補う手段となる。また、企業、学校間交流、普通教育、職業教育、民主主義的な生活、地方自治体の機能、等々にとって必要な高速情報通信網（ＡＤＳＬ）を各市町村に整備しなければならない。

文化はすでに地方や田舎の発展を決定づける要素になっているし、今後もそうであろう。文化は地域の魅力を強めるものであるし、また地方経済にとっても重要である。市町村横断的なメディアテークや県立の「分散型」音楽学校をつくることで、田舎でも都市でも同じように平等に文化を享受できるようになるだろう。村の隅々にまで生の音楽や演劇を繰り広げる芸術団体のおかげで、文化ばかりか共通の絆も育っている。こういった文化的広がりをレベルアップさせるプロのプランナーや指導者の支援を、希望する人や団体が受けられるようにする。レベルの高い音楽や演劇と「身近な日常的催し物」との間で、公的助成金が効果的に平等に配分されることをめざす。観光シーズン以外の文化政策への支援は、観光シーズンを引き延ばし、活動が夏に限定されていることの不便さから脱却するための絶好の手段である。

より均衡のとれた、抑制された観光へ

フランスは外国からの観光客が世界でもっとも多い国である。サービス部門の自由化と引き続く運賃引き下げによってさらに高まるこの傾向は、フランスの国土整備をある種の不均衡に陥れている。観光客と観光支出の全体に田舎の観光が占める割合は現在のところ二五%にすぎないだけに、不均衡はいっそう大きくなっている！

観光が地域全体（沿岸、湖、島、山、主要都市）に及ぼす圧力は相当なものである。観光客の季節移動が多くなると、インフラや大規模設備（谷間のハイウェー、衛生設備、ゴミの収集・処理施設、居住用団地の建設、スポーツセンター、娯楽センター、等々）のコストが特定の地域に集中するようになる。いかなる観光活動をして収入をどう獲得するかという大問題は、地域間競争や時に過剰な投資を加速させるこ

とになったが、観光市場は特に需要の不確実性に影響されやすく、借金に苦しんでいる市町村もある。創出された雇用のほとんどは技能資格を要さない不安定なものであり、雇用市場もあまり組織されていない。

他方、観光客はもう何年も前から画一化されすぎた観光サービスにうんざりしているし、観光地が混んでさまざまな公害を引き起こしていることもあって、自然や地方の文化や遺産の発見に基軸を置く、新しい形態の滞在や見物が求められるようになってきている。緑の党は、観光がアイデアや知識を循環させる積極的要因になっていくには以下のような条件が必要だ、と考えている。

・観光が国土にうまく配分され、過度に特殊化された現象や地域間の格差を悪化させない。

・観光が時間的にうまく配分され、観光のためにつくられた設備や施設が続けて使用されるようにする。

・観光が、生物多様性や景観、水、大地、森林などに修復不可能な被害をもたらさない。

そのようにしていくには、観光客も観光業者も、自然資本の管理・維持・再生の費用を払って、その利用者として参加することが必要である。自然公園や保護地域のように観光客がよく訪れる地域には、観光のための地方公共機関を設置しなければならない。特に地方の景観診断に基づきながら公的なものと私的なものとのパートナーシップを発展させたり、特別税を徴収したり、自然公園や保護地域の維持に割り当てられる資金作りをしたりできる機関が必要である。そのためには、「観光税」の再編が、都市計画の特別ルールと並んできわめて重要になる。

・保護されるべき自然景観には、歴史的建造物と同じ税の優遇措置が適用されなければならない。

・観光収入は、単に受け入れ観光客の数や収容力だけを重視する地方自治体から、空間や環境の保護を優先する地方自治体に再分配される必要がある。傷つきやすい地帯の県税を地域圏や郷や都市圏に移す。

・海上通行税を、ヨットマンや一定の大きさ以上の船の持ち主あるいは借り主からも取るようにする。

観光客過剰という例外的な時以外は自然景観に自由にアクセスできることが望まれるが、それでも、旅行を抑制したりもっと合理的に組織化することが必要である。クルマや観光バスを追放すれば、公害を出さない優しい公共交通手段への代替が可能になるだろう。列車・ホテル・入場料を併せたパック券や、多様な交通機関の利用と乗り換えを容易にする乗車券、公共交通を使う観光客への料金割引などを進めていかねばならない。

農村地帯へのツアーやエコツアー、社会的で連帯的な観光は、旅行コースや滞在を個人化するし、人とのふれ合いや交流をも可能にする。そのような観光の供給を促し観光客の支払い能力を強化するために、旅行券、品質保証ラベル、ベンチャーキャピタルや寄付の奨励という形の特別援助を行なうことを、緑の党は支持する。

また、地方観光供給政策を合理化するという点から、不安定雇用者や不法移入労働者の濫用に対する統制や罰則の強化に賛成する。その上で、雇用主が連合したり、勤労者が多様な活動をしたりいろいろな資格を獲得したりする――職業教育によって、観光業や接待業につきたいと思う若者を適切に育成していかなければならない――よう促していくことを、緑の党は提案する。

VI　輸送の激増にストップをかける

現行の経済はすべて、商品やサービスやエネルギーの交換による価値増殖を中心に組織されているが、エネルギー価格が安いために輸送や移動が激増している。とりわけ、安価な輸送に基づく在庫ゼロのジャストインタイム〔必要な物を必要な時に必要なだけ届ける〕経済は、決定や生産のセンターを一カ所に集中させることによって、国土整備と再生不能な資源の消費に大きなマイナスをもたらしている。輸送の激増は、われわれの社会がはまっている持続不可能な発展の典型なのである。競争や近代化設備計画がたえず賛美されているにもかかわらず、経済について意志を決定する場はますます集中化されて、多数の部門が寡占によって統制されるようになってきている。

われわれ先進諸国が手本とされるようになれば、人類は、環境汚染や炭化水素資源〔経済的に採掘可能な原油や天然ガスなど〕の急速な枯渇、温室効果ガス排出などの急増のために生き延びることができなくなるだろう。また、もはやすでに温室効果ガスの主要な排出者になっている運輸部門が今以上に成長し続けることになれば、われわれは京都議定書の約束を守ることができなくなるだろう。

浪費や汚染、暴力、景観や国土の破壊などの主要な源泉である運輸政策を全面的に見直し、設備省や運輸省や住宅省の関与から外すことが必要である。運輸省の方針は相変わらず、可能な限り大量の移動ができるだけ速くできるようにすることであるが、「移動の民主主義的権利」と呼ばれるすでに古くなった考え方に基づくこのような運輸政策は、たんに環境に有害であるばかりか、反社会的でもある。なぜならそれは、商品の陸上輸送を低賃金労働力の使用によって行なう、とりわけ過酷で不安定な労働条件の維持に依存した、経済的利益を優先する政策であるからだ。

また、クルマ利用を中心とした都市政策は、低所得者を排除するメカニズムをつくり出して差別化現象を強めていくし、「すべてがクルマ」によって可能になる都市の広がりは、クルマでの移動をわれわれに強制することになる。持続可能な国土整備開発の指針となるヴァネ法で制定された、各地域の必要性に基づく公共サービス計画は、この傾向を変えようとするものだったが、強い抵抗があったためにごく部分的にしか達成されなかった。この計画は、パリ盆地に第三の空港をつくるというようないくつかの非常識な決定も、高速道路建設計画の大部分の追認も退けることができなかった。鉄道を優先する方針は示されていなかったし、鉄道財政の問題も全面的に残っていた。鉄道と道路を同時に整備しようとすると、このように袋小路に入ってしまうのである。

とはいえ世論は、多くの政治的指導者が考えているよりもはるかに成熟している。公共交通や無公害の交通手段を進める政策が成功するにつれて、都市交通に関する世論は明確になってきている。高速道路A32号線のようないくつかの大型計画が有用でないということも、大規模インフラ計画に関する公的討議から引き出しえた確認の一つである。このように輸送政策の根本的転換は、業界団体の圧力に仕える専門家集団が独占している公共選択を民主化していくことと切り離せないのである。それゆえ、輸送の需給や移動の削減、公共交通へのアクセスなどに関する担当部局を運輸省の中につくることが望まれる。

都市の移動手段の見直し

ますます多様化する雇用や余暇、文化、スポーツの恩恵を、誰もが享受できなければならない。われわれがめざしているのは、移動数を制限することではなく、移動距離を少なくし、個人所有のクルマへの依存を減らすことである。新しい交通手段や行動（都市移動計画、道路管理の区分利用、無公害の交通手段）を強固にし発展させていくために、緑の党は次のように提案する。

・都市移動計画――鉄道や、迅速・快適・安全な信頼できる陸上交通網（路面電車《トラムウェイ》、専用路線バス、等々）、無公害の交通の発展を可能にする道路区分利用（自転車用、ローラースケート用、徒歩用など）といった、大規模交通インフラの利用を中心とする公共交通優先計画――に取り組む地方自治体への財政援助を増やす。また、温室効果ガス排出の抑制目標を都市移動計画の中に組み込む。

・公共交通に石油産品内国消費税の一部を割り当てる。

・新しい交通手段や移動様式（職住接近計画、通学距離の短縮、車の相乗り利用、カーシェアリング）の工夫を支援する。

・都市の新しい発展と公共交通の供給とを結びつけ、移動距離の縮小を可能にするような都市計画のルール（住居と雇用、住居と商業、住居と余暇、等々）を制定する。

・地方レベルで管理されるパーク・アンド・ライド（最寄り駅の駐車場に自動車を駐車し、公共交通機関に乗り換えて通勤する方法）を実施する。

・移動困難な人々のアクセスを可能にし、（失業者などを対象とする）現在無料の社会的料金設定を保つことによって、できるだけ多くの人が公共交通を利用できるようにする。

都市間の移動を再編成する

少なくとも議論では、誰もが都市内の移動のあり方を考え直す必要性を受け入れているが、都市間の移動についてはそうではない。しかし、まさにそこが弱点であって、早急に検討されなければならない。都市間移動の主要な部分を鉄道に移すことが望まれるが、それには、欧州政策、国家政策、地域政策の整合性が前提となる。とりわけ、以下のことがなされるべきだろう。

・地域間の交通を改善するために、地域の鉄道網への財政援助を増額する。とりわけ、いわゆる「副次的」路線を活性化させる。

・高速列車（TGV）ならびに、中間技術を駆使した（通勤往復列車など）国内および欧州の鉄道網を発展させる。

・駅から地域や地方の中心に向かう効率的な公共交通の供給を保証する。

航空輸送を制限する

航空輸送は、騒音ということでも大気汚染ということでもとりわけ有害である。また、国際便がイル・ド・フランスに集中しているために、国土整備がきわめて不均衡になっている。航空輸送の発展を、特にジェット燃料（ガソリンと灯油の混合）に対する課税や夜間飛行の禁止によって制限する必要がある。

緑の党は、パリ盆地にいかなる新たな空港を建設することにも反対である。それよりも、大陸移動をTGV網に転換し、地域の飛行場の国際線を再編すべきである、と考えている。

道路交通による商品輸送を転換させる

道路交通による商品輸送のために地方自治体が被っている苦痛の代価は、支払われていない。陸上輸送にそれを支払わせなければならないが、とりあえず以下のことを提案したい。

・特にガソリン税と軽油税を二〇〇五年まで等しくすることによって、陸上輸送と他の輸送様式との競争条件を平等化し、「負担重量課徴金」のような一キロメートル毎の課税をスイスにならって実施する可能性を探る。
・いまだに労働法で保護されていない商品陸上輸送部門の労働に、法律を厳しく適用する。
・内燃機関用燃料に欧州税を一律に適用する。
・週末のトラック輸送を厳格に禁止する。
・モンブラン・トンネルを通る国際陸上輸送による商品輸送が再開されないようにし、その代替に鉄道を利用させる。
・高速道路建設の一時凍結を決議し、そうすることで節約された資金を鉄道輸送や海上輸送に使うように再編する。また、特に環境が破壊されやすい地帯ではトラックに抑止的な通行税を課す政策を実施する。
・国家がＲＦＦ社〔フランス鉄道のインフラを整備する会社〕の抱える債務を買い取る方式について研

究する。

遠隔地の補給拠点から無数のトラックで都市地域に輸送するやり方は、多大な汚染を引き起こす。使用者や消費者ができるだけ近くで商品にアクセスできるようにするには、鉄道や水路と結ばれた都市建設が必要である。それゆえ、以下のように提案したい。

・RFF社の影響下にある鉄道貨物輸送を優先することに同意する。

・多元的輸送様式（鉄道、道路、水路、海上）をさらに有機的に組み合わせた、「輸送・補給」の基本計画。

・公害のない都市の輸送・補給（鉄道や騒音のないワゴン車、無騒音で無公害の究極の交通手段）について研究を推し進める。

Ⅶ　エネルギーの節約とエネルギー源の多様化

原子力エネルギーの神話と手を切る

フランスのエネルギー政策は原子力エネルギーに重要な位置を与えているが、それは、エネルギーの自立、経済競争力、環境の尊重という三つの神話で「正当化」されている。原子力エネルギーの推進派によれば、それはあらゆる長所を備えており、世界市場の不確実性からわれわれを守り、フランスの競争力を強め、しかも環境を保護する、というのである。だが残念ながら、原子力エネルギーがエネルギー需給に占める割合は減ってきている。

二度の石油危機による原油価格の高騰で国際収支の赤字が増加したことを受けて、エネルギー自給の向上が議論されるようになり、原子力発電優先のエネルギー政策が推進されてきた。エネルギー収支に電気部分を記帳する、他国とは異なる方式を考案することで、フランスはエネルギー供給に占める電気の割合を人工的に増やせるようになったが、それにもかかわらず、石油換算で二億一六〇〇万トンだった一九九九年のエネルギー消費のうち、電力部分は八八〇〇万トンにすぎなかった。残りは石油やガスや石炭の輸入によって賄われたのであった。実際、「二〇〇〇年九月の小危機」でも明らかになったように、フランスの経済は、主要なEU加盟諸国の経済と同様に、石油製品価格の変化にきわめて大きく依存している。石油製品価格の急激な高騰は、価格の全般的上昇や輸送部門の一時的落ち込みということで表現されたが、輸送部門の落ち込みは、運送業者が各種の援助や経済危機への補償金を手に入れるまでフランスやドイツやベルギーをマヒ状態に陥れたのであった。

他方、原子力は経済的に有利だという長年にわたる不可侵の教条は、今や、確信に満ちたエコロジストばかりか、その従来の擁護者達によっても異議が唱えられている。例えば、発電単位では天然ガス複合サイクルの方が原子力発電所よりも経済的に優れていることを、産業省や（元フランス核燃料公社のトップであるJ・シィロタが議長を務める）新設の電力調整委員会が認めているのである。首相の要請で作成されたM・M・シャルパン、ドゥシュ、ペラによる報告も同様に、原子力エネルギーの歪んだ発展はフランスにいかなる特別の経済的利益ももたらさないだろう、ということを証明している。それは、例えばフランス、ドイツ、イタリアのこの三〇年間の経済発展を比較検討するだけで納得できるだろう。原子力のコストはきわめて過小評価されている。というのも、老朽原発の廃炉費用や廃棄物の貯蔵・管理費用が部分的にしか含まれていないし、原発開発のための公的研究に費やされた莫大な資金がまったく考慮されていないからだ。

さらに、原子力は環境的に無害であるという三つ目の神話は、スリーマイル島やチェルノブイリの事故の結果から分かるように完全に間違っている。原子力を温暖化防止手段にしようという原子力擁護派の意気込みと共に、原子力は環境的に無害であるという主張が息を吹き返してきたが、幸いなことに、原子力を温暖化防止手段にするやり方は無効で危険であることが、京都議定書の適用をめぐる議論の際に国際共同体によって確認されたのであった。ペストとコレラでは、どちらも選ぶことなどできはしないのである。

原子力産業の推進者によるこのような間違ったイデオロギー的な議論は、エネルギー問題に極度に無関心であるという特殊的精神状態をフランスにもたらしてしまう。〈高くないエネルギーが無尽蔵にあるのに、なぜエネルギーを節約しようと気遣わねばならないのか？　しかも、原子力エネルギーは汚染しないというのだから、節約などする必要はない。フランスはCO$_2$排出量が欧州でいちばん少ないのだから、運輸の問題を気にしなくてもいいだろう〉といった具合である。

エネルギーモデルを民主主義的に選択する

フランスの原子力政策は、民衆との協議も議員との協議もほとんどなされないまま、当事の行政権力によってまったく反民主主義的なやり方で決定された。莫大な投資の拠り所とされた電力消費予想は、当時は投資を正当化するのに役立ったが、今では根本的に間違っていたことが明らかになっている。国土整備計画について激しく議論されている現在、行政権力が反民主主義的なやり方で決定することなどできないし、それは不条理であるように思われる。例えば、原子力発電所を一基建設するための投資額はパリの第三飛行場をつくるのに必要なそれと同じであるのに、真摯な討議をしないままに一四基もの原発建設（これは、現在の原子力発電所数に最終的に取って代わる数である）に着手することなど、まったく言語道断である。

今日、問題は、過去の選択が新たにどの範囲で認められるのかというところにある。つまり、現在ばかりか将来世代にとってもきわめて有害な、ひどく金のかかる投資計画にフランスを引き入れなければならないのか、それとも、節度のある、環境に配慮した、より経済的なエネルギーモデルに向かうべきか、ということが問題なのである。緑の党は原子力と手を切らねばならないことを確信しているが、そうすることは何よりも、エネルギーに関する議論、より大きくはわれわれの社会発展モデルについての幅広い議論に基づく民主主義的な選択なのである。

脱原発に伴うエネルギー部門の変化

数年前までは、脱原発を主張すれば、よくてもあざ笑われ、ひどい場合には大いに軽蔑されることが常だった。今や事態が変わった。ドイツやベルギーの決定に見られるように、制度の変化や新たな経済状況、環境の配慮といった諸要因によって、脱原発は望ましいばかりか実現可能なものになっているのである。

第一の変化は、環境がわれわれ社会にとっての重要問題であることに気がついたことである。それゆえ、必然的にわれわれは、例えば省エネ製品の方を選ぶとか、環境への影響を考えて暖房方法を選択したり転換したりするといったように、日常生活のすべてにおいて節度ある行動をとらねばならなくなる。今日フランスの人々にはこのような道に入っていく用意があるのだから、彼らがそうするのをもっと助けていく必要がある。

第二に、技術的変化が新たな展望を開いている。例えば、風力発電や太陽エネルギー利用(太陽熱や太陽光の利用)の技術、ガス発電所や小型コジェネ(熱電併給)システム、木質エネルギー、バイオガス(再生可能燃料)の効率化、等々によって、原子力のない、それでいて現在の快適さが損なわれることのない未来が、かつてないほど考えられるようになっているのである。

第三に、電力部門の近代化法は、電力の生産と分配に関するフランス電力(EDF)の独占を終わらせることでエネルギー状況に大きな変化をもたらすことになるだろうが、現在のところはまだ、その影響がすべて分かっているわけではない。

すでに、電力調整委員会や被選挙資格を有する顧客、独立事業者といった、新しい行為主体の出現が見られる。地方自治体は、本当の意味での選択可能性がなかったために無関心だった何十年間を経て、今やエネルギーに関する自分自身の権限を「再発見」している。市町村は、「地方エネルギー機関」を設置して省エネや再生可能エネルギーを促進しているが、大部分の地域圏はエネルギー問題を国家との計画協定の中心要素として位置づけている。さらに、ガス市場の開設や「再生可能エネルギー」に関するＥＵ指令の適用といった、新しいエネルギーモデルへの道を開く別の変化が起きている。

一定の公的介入の必要性

だが、そのような変化だけで、五〇年以上前から行なわれてきたエネルギー政策が方向転換することはないだろう。それゆえ、こういった変化がもっと均衡のとれたエネルギー政策によって具体的に表現されていくようにしなければならない。

エネルギー市場の開設には、強力で決定的な政治的介入が必要である。自由化は地方に電力生産者を出現させ、再生可能エネルギーや地方分権化された生産の発展を促すが、同時に自由化によって大規模生産者が電力を売買できるようになるので、欧州全体の電力取引はめざましく発展していくだろう。例えば、ドイツの火力発電所でスペインの産業を動かすことができるようになるので、エネルギー市場の開発は生産や輸送のインフラに影響するだろうと予想される。

このように、複数の次元をいかに組み込んでいくかということが、将来のエネルギー政策の決定的課題である。均衡のとれたエネルギー政策は、複数のテクノロジー（再生可能エネルギー、省エネ、伝統的エネルギー）と複数の行為主体（国家、企業、地方自治体、消費者、等々）に基盤を置く地方分権化された政策であって、原子力庁、フラマトム（原子力庁の子会社の一つ）、フランス電力、核燃料公社という四大巨人に支配された原子力システムからほど遠いものになる。

緑の党が望んでいるようなエネルギー政策を実施することの難しさは、十分に推測される。そういった困難は経済的あるいは技術的なものではなく、組織上の問題である。脱原発が近いうちに実現されることはないだろうが、それでもただちにその準備に入らなければならないのであり、そのためには、エネルギー節約、再生可能エネルギー、脱原発条件の創出という三つの道筋を優先させていく必要がある。

省エネ努力の強化

政府は一九九七年から省エネ政策を推進しているが、フランス経済のエネルギー効率の大幅な改善可能性を考えれば、そのやり方はまだあまりにもささやかである。もっと力を入れていくべきである。

・住居のエネルギー効率改善の取組を、社会住宅から開始する。エネルギーのもっとも大きな節約可能性は、まさにこの領域にある。何百億フランもの投資が必要なこの取組を推進していくために、国家や預金供託金庫（CDC）や私的投資家によって出資される特別基金によって、年に数万戸ずつ社会住宅の環境的質を向上させていく一〇カ年計画を進めることを提案する。民間住宅については、熱・エネルギー改善住宅数を増やしていくために国立住宅改善局の財源を増額する。また、汚染のないエネルギーや技術を奨励していくために、暖房用エネルギーの代替（薪やソーラー暖房、熱ネットワーク、蓄熱ボイラーの併用、電気暖房の抑制）を促進する。

・新築の場合、暖房や空調の必要性を減らすために、気象条件に適した建築を奨励する。

・二〇〇五年には、技術革新を考慮して温度規制を強化する。

・第三次産業部門における省エネ計画――現在、エネルギー消費は急増しているが、あまり自覚されていない――を開始する。経済的手段（情報、インセンティブ）や適切な規制措置によって、施工業者や企業がもっとエネルギー問題に取り組むように促す。

・省エネ型器具の製造・購買を促進する枠組みを決めたEU指令を採択させる。また、エネルギー浪費型の器具を徐々に使用禁止にしていく。

・非営利団体と地方自治体との協同を可能にするローカル・エネルギー・ネットワークを強化しながら、このような取組の成功の鍵を握る消費者により多くの情報を継続的に与えていく。

・世帯、企業、輸送のエネルギーすべてに対して環境税を制定する（ようやく！）と同時に、省エネ促進投資を優遇する減税措置を実行する。

・エネルギー抑制と再生可能エネルギーに関する計画のために、原子力庁（CEA）に割り当てられた貸付金の半分を使って省エネ研究計画を推し進める。

・環境省の中に省エネ局をつくる。

再生可能エネルギーを発展させ、エネルギー源の多様化を推し進める

一九九七年に政権に就いた「複数多数派」によって再生可能エネルギーのための政策が開始されたが、なすべきことは依然としてまだたくさん残っている。

・まず、再生可能エネルギーのための政策の責任を、現在担当している産業省の事務局から外すことが必要である。なぜなら、産業省はこの政策の重要性を認めておらず、最悪の場合は再生可能エネルギーの発展の可能性を厳しく制限しようとやっきになっているからである。再生可能エネルギーの発展の責任は環境省に任せなければならない。

・経済上ならびに環境上の利点から、フランスではあまり発展していない熱ネットワークを推進させる。熱ネットワークは材木関連産業の重要な販路になりうるし、地熱のような他の再生可能資源を利用できるようにするものでもある。それゆえ、熱ネットワークに不利に働く税制を是正して、その発展条件をつくり出していく必要がある。

・国内で定着しつつある再生可能エネルギーの買取条件を続行させる。この条件は、収益性の見通しを考えれば、再生可能エネルギー部門への投資に有利に働くだろう。市場を持続させるには、この買取料金があらゆる再生可能エネルギーに適用され、また時間的に延長されることが必要である。

・再生可能エネルギーのための大規模な研究プロジェクトに取り組む。そのためには、原子力部門が今なおお享受しているのと同じくらいの資金が投入されなければならないだろう。

・コジェネや小型コジェネ、エネルギー分散的な生産を、それらの社会的利益ならびに環境面での無害性を考えた適切な買取料金を設定することによって促進していく。それらは、温暖化防止の手段であるが、また同時に、エネルギー供給システムの分散化によりインフラの拡大を制限する手段にもなる。

・石炭を使う従来の火力発電所の代わりに、液体ガスや天然ガスによる発電所を設置する。それらは競争力があるし、ほとんど汚染しない。

・プロジェクトが環境的に両立しうるかどうかを確かめる。プロジェクトはすべて、環境に与える負荷や種の制約を考慮しなければならない。とりわけ水力発電によるエネルギーの発展は、現在現われている河川の被害をなくしたり水辺の生態系を保護したりしながら進められる。

・建築の専門家（建築技師、請負業者、職人、等々）を育てる初等ならびに継続的職業訓練の中に、エネルギー選択や環境的質についての授業を取り入れる。

脱原発や持続可能なエネルギー政策を進めていくための条件づくりをする

以上のようなさまざまな措置を個別的に実施しても、効果が期待できるわけではない。というのも、そういった措置は、有機的総体としてのみ原発の代替となり、「持続的」エネルギーモデルとなりうるからである。

まずは、多様なエネルギー源を一方的に排除してしまう「原子力一辺倒」の政策を停止させなければならない。この意味からわれわれは、使用済み核燃料の再処理とＭＯＸ燃料（ウランとプルトニウムの混合酸化燃料）の生産を中止するよう提案する。

使用済み核燃料の再処理技術は、プルトニウムを核兵器用に製造するというように軍事目的のために利用されることになり、さらに、「高速増殖」炉の燃料用という産業目的のためにプルトニウムの製造が増加していった。だが、一九九八年にスーパーフェニックスの使用停止が決定されて、イギリスやアメリカやドイツですでに放棄されていた高速増殖炉がフランスでも挫折したことが追認された。高速増殖炉の戦略は経済的には失敗であっても、少なくとも机上では一定の論理を主張していた（このタイプの原子炉が技術的に困難であることも、特に危険であることも忘れてはならない）のに対し、現在の通常の水力発電所に代わって、使用済み核燃料から抽出されたプルトニウムにウランを混ぜたＭＯＸ燃料を利用するという「安易な作戦」は、論理的でもなければ経済的に利益があるわけでもなく、環境保全につながるわけでもなかった。

原子力発電所で産出された放射性廃棄物がラ・アーグ(あるいはイギリスのシェラフィールド)の工場でどのように再処理されるのかを見た諸外国は、判断を誤ることがなかった。ドイツとベルギーはこの高くつく再処理工場を立て続けに放棄し、放射性廃棄物を現状のまま貯蔵することを決めた(カナダやアメリカ、スウェーデンなどはすでにそうしている)。日本はいまだに外国に再処理を依頼し続けているが、日本がこのやり方に固執することを保証するものは何もない(日本は自国の再処理工場を建設してもいる)。さまざまな国から放射性廃棄物を運び込んで再処理しようとすれば、潜在的に危険な放射性廃棄物やプルトニウムを含む核燃料を国際輸送するという難しい問題が生じる。激しい抗議行動を引き起こした核燃料国際輸送はまた、核兵器の基本材料であるプルトニウムの軍事的利用の危険を増大させることにもなる。

このようなすべての理由からわれわれは、核燃料公社と外国の顧客との間に交わされた契約が切れる二〇〇五年に核燃料廃棄物の再処理を中断する、という考えを支持する。ラ・アーグ工場を、核燃料廃棄物を現状のまま地表で貯蔵する装置工場に転換させようとする計画が、二〇〇二年から二〇〇五年までに実施される必要がある。

すでに抽出されたプルトニウムは、できる限り軍事やテロの目的で使うことができないようにするために、核燃料廃棄物に投入して固定させる。原子力発電所の使用済み核燃料は、それが発生した原子炉――次第に停止させていく――の近くに乾いた状態で、待機中は水溶液に入れた状態で貯蔵されなければならない。外国の核燃料廃棄物は、バタイユ法〔一九九一年に制定された放射性廃棄物法〕に表示されているようにすべて返還すべきだろう。
・国家アセスメント委員会の勧告に従って、カテゴリーCの（活動が活発で寿命が長い）核燃料廃棄物を地下の奥深くに埋める作業を停止し、地表貯蔵方式や転換についての研究を推し進める。
・来期の国民議会中〔二〇〇二～二〇〇七年〕に、ドイツを見習って、二つの原子力発電所の閉鎖に始まる漸次的な脱原発計画を決定する。
・欧州加圧水型原子炉（ＥＰＲ）計画を放棄する。
・核の安全性については環境省に一任し、今日のように産業省と責任を二分しないようにする。
・軍事用原子力を民生用原子力と同じ統制下に置き、市民と同じ情報規則に従わせる。
・原子力関連産業の活動を透明なものにする。
・原子力庁（ＣＥＡ）の再転換計画を準備する。次の立法議会から、原子力庁の潤沢な研究資金の一部が再生可能エネルギーや省エネのために使われ、会期の終わりには原子力庁の保有する資金の半分がこういった新しい関連分野に用いられるようにすべきだろう。
また、原子力に代わるエネルギーの準備をさらに進めなければならない。
・経済的および環境的側面はもちろんのこと、社会的側面（エネルギーの公共サービスはどのようにあるべきか）や国土整備的側面（どのような状況で行なわれるのか）をも含むあらゆる次元に責任を持つような、エネルギーについての議論を開始する。
・省エネや、再生可能エネルギーとか伝統的エネルギーといった、原子力に代わるエネルギーを増大させようとする温室効果ガス排出の削減目標を尊重した計画を、大規模な住民参加型の協議によって決定する。

・地方自治体を再生可能エネルギーや省エネの推進主体にしていくために、エネルギー管理における地方自治体の役割を強化する。

さらに、国際的行動としてのエネルギー分野の協力をいっそう進めていかなければならない。といっても、原子力発電所を提供したり、何百万の人々の強制移動と引き替えに巨大なダムを建設したりしようというのではない。分散的で低コストのエネルギー生産手段を最貧諸国に広めていくための協力こそが重要なのである。

訳者注

〔1〕EU法の共同体立法のひとつ。達成すべき目的については対象加盟国を拘束するが、実施方法は各国に任されている。

〔2〕共通農業政策とは、農産物の単一市場の実現や農業の生産性向上を目的に農業分野で採用されている欧州共通政策のことで、農産物の価格保障による農業保護と輸入課徴金制度を柱に一九六〇年代から実施された。この共通政策によって、農産物は過剰生産になり、EUの財政を圧迫するようになったので、一九九二年に、農産物の価格保障を農家への直接所得保障に切り換えるという改革が実行に移された。しかし、耕作地一ヘクタール毎に奨励金を支給するこの所得保障方式は、農業雇用の消失や環境の破壊を拡大している。

MOXについて

MOXの経済的側面については、「原子力関連産業の経済」に関する首相への報告――この報告書は、計画委員長のジャン・ミシェル・シャルパンと国立科学研究センターのエコ発展プログラム責任者であるベンジャマン・ドゥシュ、そして原子力エネルギー庁の幹部のルネ・ペラが2000年に作成した――でかなり明確にされている。この研究によれば、「再処理＋MOX」という解決策を使うと、使用済み核燃料を「処理しない」場合と比べて産出電力KWh当たりのコストが1%高くなる。それゆえ、45年間にわたって機能するフランスの原子力発電所全体で見れば、1500億フランのコスト高になる。

また、核燃料廃棄物の問題は、使用済み核燃料を処理してMOXとして再利用することに単純化されるものではない。実際、このようなやり方では、もっとも活発で寿命の長い廃棄物（プルトニウムとアクチニド）あるいはタイプCの廃棄物を（「最大」で）15%しか減らすことができない上に、タイプBの平均的に活発な廃棄物を大量に蓄積させてしまう。さらに、使用済みのMOXを貯蔵しなければならない（それらを再処理するメリットはない）のであるが、それが冷却するまで、典型的な二酸化ウラン（UO_2）燃料は50年かかるのに対して150年かかってしまう。結局のところ、使用済みのMOXにはプルトニウムの大半が残るのであるから、「再処理＋MOX」で回避されるプルトニウム1トンにつきほぼ10億フランのコストがかかることになるのである。

〔3〕一九九九年一二月一二日、エリカ号はフランス北西部ブレスト沖で沈没し、大量の重油の流出によって、観光地ならびにムール貝の養殖地として有名なブルターニュ半島に大きな汚染をもたらした。

第三章

より平等な社会をめざす公共サービス

I　医療――適切な医療費で平等を保証する

解体寸前の医療保険制度

フランスの医療制度は世界の最高レベルの一つとして知られている。しかし、医療費はますます高くなっているのに、それが医療の進歩につながっているわけではない〔医療サービス給付の不平等は依然としてはなはだしい〕。病院や一般医の間で紛争が繰り返されているのは、医療に携わる専門家の不満――それは市民の不満につながっていく――が増大している証拠である。われわれは、医療保険支出の恒常的増大に対処するために近年実施された医療費抑制策がほとんど効果をあげていないのを目の当たりにしている。しかし、フランス企業運動〔フランス経団連〕による医療保険民営化の提案に賛成する声が少ないことからも分かるように、フランス人には依然として連帯原理への愛着がある。戦後から実施されているこの連帯の論理は、それまで医療保険の対象外であった者に医療給付の道を開く普遍的医療給付制度（CMU）〔医療保険の対象外の者に、三カ月以上フランスに居住していることだけを要件として医療給付を保障する制度〕が二〇〇〇年一月から導入されたことに見られるように、医療サービス給付に大きな進歩をもたらしてきた。だが今日、そのような成果を守り、医療給付の新たな進歩を実現していくには、フランスの医療保険制度を改革する必要がある。

現行の制度は真の公衆衛生政策を保証するものではない

フランスの六五歳までの死亡率はEUのうちでもっとも高いが、六五歳以後の死亡率となると、まったく逆の結果になる。それは、フランスの医療保険制度が、たばこ中毒やアルコール、交通事故といった早死の主要な原因に対して有効な予防策を講じることができず、反対に、「医療設備に依存する」人々、特に高齢者の専門的治療や延命には有効である、という実態を示している。

しかし、治療を使命とするだけの医療政策は、長期的に見て医療支出を増加させるし、効率も悪い。健康問題の八〇％は、非医学的な要因（衛生、環境、食生活）に起因している。二〇世紀初頭から寿命が二五年伸びているが、そのうちの五年間だけが医学の進歩によるのであり、ほとんどは教育、飲料水の普及、居住条件、労働条件といった生活水準が向上したおかげなのである。二〇年間にわたって莫大な資金を投入したにもかかわらず、ガン治療後の余命率は二％上がったにすぎない！

慢性病（ガン、呼吸器疾患、神経疾患、生殖異常、アレルギー、エイズ）の増大やいわゆる文明病（心臓・血管障害、ストレス性の病気など）の割合の増加が、寿命の伸びない理由ではない。食べ物、生活様式、仕事や生活の場における物理的・社会的環境など、要するに環境が問題を引き起こしているのである。疾病に対する単一要因からのアプローチは、知的満足が得られるものであっても有効性に欠けるのであって、多要因からのアプローチに道を譲らなければならない。

血液製剤によるＨＩＶ感染、アスベスト、「狂牛病」、ダイオキシン、グリコール・エーテル（欧州では新生児の先天異常との因果関係が推測されている）、硝酸塩（農薬に含まれる硝酸塩は地下水汚染の原因になる）、大気汚染といった最近の医療危機は、予防原則に立って新しいリスク――それらはしばしば、工業や農業、あるいは医療生産至上主義がもたらす結果と結びついている——を管理することができない、という制度上の問題をクローズアップしているのである。

きわめて高い医療支出が年々増え続けているのに……

フランスは毎年、国内総生産（ＧＤＰ）の一〇％近くを医療支出に使っており（計算上では世界で一～四番目である）、一九九九年の一人当たりの医療支出は年額で一万五一八〇フラン（約二〇万円）にのぼっている。強制加入の医療保険が負担するのは、フランスの医療支出の七〇％以下であり、病院を使わない医療となると五〇％を下回ってしまう。強制加入の医療保険が負担する割合はここ二〇年のあいだ減り続けており、しかもその支出総額の九七％は〔予防ではなく〕治療に関わるものである。強制加入の制度にもかかわらず、フランスはＥＵの中で医療保険による保険金支払いの負担引受けがいちばん低いのである。この保険金支払いによる負担引受けの低さは、二〇〇〇万人の人を「置き去りにする」任意加入の補足的医療保険の支払いによって補われている。

強制加入の医療保険による一九九六年までの膨大な累積赤字（八二二億フラン）は、一三年間の期間限定付き社会保障債務返済税（ＲＤＳ）を導入して将来世代に返済させることになり、ＲＤＳの運営機関として社会保障赤字償却金庫（ＣＡＤＥＳ）が創設された。ＣＡＤＥＳは一九九八年に五〇九億フランの債務支払いをしなければならなかったので、ＲＤＳの徴集期間が一三年から一八年に引き延ばされてしまった！　二〇〇〇年には医療保険の赤字はさらに膨らんで一三〇億フランを超え、その結果、医療保険によるフランスの累積赤字は他のどの先進諸国よりも大きくなった。

複雑な医療保険制度

フランスにおける医療の需給関係は、きわめて複雑な仕組みによって管理・運営されている。一九四五年と一九六七年の政令、さらに一九九六年の政令によって、強制加入の医療保険が組織された。また、人口の約八〇％を結集する医療保険「一般制度」〔運営機関は全国被用者医療保険金庫〕のまわりには、農業者社会共済制度（ＭＳＡ）と自営業・自由業医療保険制度（ＣＡＮＡＭ）という二つの大きな制度、および一連の小さな特別制度（フランス電力職員、鉱山労働者、国鉄職員、等々）が存在している。このような仕組みは、任意加入の個人保険（一九七八年）と二〇〇〇年初頭からの普遍的医療給付制度（ＣＭＵ）によって補足されているが、保険料や医療給付の水準は、一九四五年以来の社会連帯という名目にもかかわらず、各制度によってかなり異なっている。

一般社会保障負担税（ＣＳＧ）〔一九九一年に家族手当の財源として創設された社会保障目的税だが、最近ではＣＳＧの引上げ分が医療支出や年金の財源に回されている〕が少しずつ医療保険の財源の保険料に取って代わってきているので、医療保険は社会保険による保険料とＣＳＧによる税収によって運営されている。約四〇〇〇万人が、強制加入の医療保険と共に共済制度や補足的保険制度を利用しており、それらが強制加入の医療保険の支払いを補っている。しかし、医療保険のこのような多様性と複雑さは歴史的事情によってしか正当化されないのであって、どんな医療を受けるのか、選択の自由を加入義務者に与えるものではけっしてない。

患者による治療行為や医療機関の選択は、医療保険制度の周辺部分〔保険治療と自己負担治療の混合診療を行う医療機関、特別の医療行為とその医療技術者、ＥＵの他の諸国で認められている治療へのアクセス）でなされるか、統制も規制もなく黙認されているにすぎない市場で提供される非保険協定の治療としてなされるだけである。しかも、市場で提供される治療の質や安全が保証されているわけではまったくない。非保険協定医は次第に社会保障制度から排除されていくことになるが、保険協定医と非保険協定医との対立は減っていくべきものであって、そうでなければ、第三者評価制度によって解決されなければならない。

市民の真の平等を保証しない制度

フランス医療保険制度の平等は、実際にはまったく「絵に描いた餅」にすぎない。

・一九九〇年代に社会階層間の平均寿命の差がさらに拡大したが、それは一般的関心の対象にならなかった。資格や技能のない三五歳の未熟練労働者は自由業に携わる同年齢の人より八年も少なくしか生きられないし、工場労働者やサラリーマンがガンにかかる割合は上級管理職や自由業の人がかかる割合より三倍多い。未熟児の生まれる率も、母親の教育水準の高さに応じて一倍から三倍に変化する。

・フランスの女性の寿命は世界第二位だが、男性のそれは第一五位にすぎない（七・二年の差がある）。

・さまざまな公衆衛生指標から、地域間の格差が分かる。ジェール県（スペイン国境、ピレネー山脈に接する県）の男性の寿命はノール県（北フランス、ベルギー国境にある県）のそれよりも一〇年も長いし、ノール・パ・ド・カレ地方（北フランスの広域行政地域圏で、中心都市はリール）のガン患者はミディ・ピレネー地方〔フランス南東部、アリエージュ、オート・ピレネー、オート・ガロンヌなどの県から成る広域行政地域圏〕のそれよりも五〇％多い。

・フランスの医療保険制度は、国民が自己負担で支払わなければならない追加料金を絶えず引上げているが、これは重大な結果をもたらしている。例えば、視力や歯並びの矯正を十分に受けない人々の割合がかなり多くなる。

・現行の医療保険制度の連帯はいまだに不十分なものにとどまっているが、連帯のためには、高齢者最低生活保障手当や成人身障者手当（ＡＡＨ）の支給条件を、〔社会保険適用外者をカバーする〕普遍的医療給付制度（ＣＭＵ）のそれと同一にしなければならない。

医療専門家が不満を抱える制度

フランスの医療専門家は、西欧社会でもっとも高度な専門的能力を駆使して治療に貢献している。にもかかわらず彼らは、医療政策の責任者によって不当に扱われていると感じている。実際、自由開業の医師（一般医、精神科医、小児科医、等々）や看護士の拘束労働時間は他国の同業者より長いのに、彼らの報酬はＥＵでいちばん低い。彼らの待遇や労働条件（地域的条件、人的条件、物的手段）は時代遅れで、わが国の経済的状態と完全にズレており、病院はほぼ一五年前から慢性の危機状態にある。同じ職務を行なっている人々の待遇や報酬に大きな違いがあると、まさに社会的爆弾を抱えることになるが、それはとりわけ救急医や精神科医のような医療サービスにおいて著しい。新聞で報じられる病院や診療所の格差から、待遇や報酬に大きな違いがあることが分かる。また、特に田舎の一般病院は医師に適切な報酬を支払うことができず、外国人医師のおかげでかろうじて稼働しているような状態であるのに、ますます診療時間が増えている。週三五時間労働制への移行は、このような深刻な状況を暴き出すことになった。

不適切な財政管理と運営方式

フランス企業運動〔フランス経団連〕は医療保険の運営機関から撤退することを決定したが、これは、公的医療保険の赤字を埋め合わせるための国家の大規模介入によって事実上準備されていた、労使同数代表からなる現行の運営方式の危機を早めることになった。フランス企業運動は社会保険制度の民営化を進める運動を展開しているが、幸いなことにこれまでのところ、フランス人の多数派は民営化に賛成していない。だが、必要な財政均衡措置や解決策を講じるために国家が介入する労使同数代表制の運営方式では、医療費支出増加の問題やさまざまな医療専門家の間の紛争を正しく管理することができなかった。

運営機関である全国被用者医療保険金庫（ＣＮＡＭ）は、長年にわたって管理運営の責任者を選出してこなかった。また、医療制度の利用者や犠牲者の団体は公認されていないし、国家の責任と社会保障制度の責任との連関は公衆にとって分かりにくい。つまり、医療保険制度は運営されてはいるが、適切に管理されていないのである。

社会保障予算法〔社会保障の収入と支出の均衡を目標にした、一九九六年にジュペ首相によって導入された法律〕は医療支出増加率の固定化（医療支出の国家目標）を掲げているが、それが達成できないだろうことも、医療目標と合致していないことも明らかである。

次第に医療産業の経済的利害の支配下に陥っていく制度

寡占化の傾向を強めている製薬企業集団は、医療保険制度にますます大きな圧力を加えるようになっており、医療費支出国家目標の超過分の六五％は薬剤への支出で占められている。ところで、現行の治療サービスに対する報酬制度は、一般医に患者一人当たり平均一〇分という短時間診療を強いているが、これは患者を薬漬けせよという論理に大きく寄与する制度であって、産業界の影響力をさらに強めていくことになる。

フランスの人々は医療保険制度のために、国内総生産（ＧＤＰ）の一〇％に当たる一兆フラン近くを、それに見合う医療上の便益もないのにずっと支出し続けている。このことは、製薬産業や医療設備産業の医療政策への影響力がいかに大きいかを端的に示している。製薬産業の多国籍企業は、薬品や医療機器の監視・評価機関を含む、国際レベル・欧州レベル・国内レベルのほとんどの公衆衛生機関に対して直接的な影響力を持っている。というのも、製薬産業の多国籍企業は医療研究の政策決定に直接的に関与していて、医療専門家の情報や知識を不要なものにしているからである。

医療保険制度は、生まれてから死ぬまでの治療消費者としての患者をつくり出し、資本主義の論理がきわめて大きな利益を生み出しうる保護された部門で広がっている。だからこそ、農業化学産業の経営者は最近、遺伝子組み換え作物（ＯＧＭ）の分野の収益が低下しているので、投下資本の収益がそれよりずっと保証されている製薬産業に参入して出直しを図りたい、などと言っているのである。他方、自らの産業食品モデルを押しつける農産物加工産業は、糖尿病や高血圧といった病気の大部分に対して直接的な責任を負っている。このような商品化の論理が医療の真の進歩と正反対であるということは、今日ますますはっきりしてきている。

フランスの医療保険制度を再編して、新しい均衡を見い出さねばならない。現行の医療保険制度では、市場の要請という論理が幅を利かしすぎていて、市場が責任をもてない公衆衛生的な要素である、教育や保健衛生（栄養の管理、とりわけ食品添加物の抑制）や環境保護による予防の論理はあまり重視されていない。

今日もっとも重要な課題は、治療アクセスの権利から医療アクセスの権利に移行することである。医療の目標を定め直すことで、医療保険や治療給付の制度的意味が変わるのであるが、このような移行に不可欠な条件は社会における民主主義である。というのも、すべてを同時に行なうことはできないので優先順位を付ける必要があり、何を優先するのか、その選択は民主主義的な議論に委ねなければならないからである。

緑の党の提案は、医療制度の全責任を国家に任せようということでもないし、医療制度を民営化しようということでもない。現在の医療保険制度や社会保障制度のあり方を改革するには、国家や社会保障運営機関、医療専門家、市民の間で新しい社会契約を結ぶことが必要であるが、その中心となるのは市民である。われわれは、このような新しい社会契約の構築をめざす目標として、公的医療政策の進歩に関する次の五つの柱を掲げ、医療政策の民主的決定を国レベルおよび地域圏レベルで推進したいと考えている。

役割を明確にする

医療保険制度はつねに全国的制度として考えられてきたが、それに地方分権化の適切な様式を付け加える必要が提起された。複雑だがかなり包括的な本文から成っている二〇〇二年三月四日の医療保険近代化法は、地域圏および全国レベルの医療政策の評価と見通しに関する、医療会議での相反する意見を踏まえて作成されたものである。

全国レベルでは、数年間にわたる医療計画法を定め、また全国医療会議や地域圏医療会議における審議の結論を取り入れて、国民議会で五年計画の医療目標を決議する。さらに、今のところ社会保障局は社会問題・労働・連帯省に付属しているが、社会保障サービスを管轄する厚生省を新たに創設して、労働医療や学校医療を厚生省に統合しなければならない。地域圏レベルでは、予防や教育の分野での独自の権限を地域圏に認めることによって、また、地域圏医療会議のような監視と予測の機関を地域圏に直属させることによって、医療の分野における地域圏の権限を明確にする必要がある。そうすることで、中央直属的な県の権限が次第に縮小していくであろう。地方レベルでは、市町村間の権限を明確にして、地域圏レベルの権限を補完しなければならない。

医療政策の再編のための法案は、医療政策の定義やその実施と外部評価、リスク評価・予防の包括的アプローチ、医療政策の民主的評価、すべての社会的アクター（労働組合、共済組合、犠牲者団体、ユーザー団体、患者団体、消費者団体、環境保護団体）および医療専門家による地域圏の運営責任者の選挙などに関する基本的規則を定める。この法律によって、中央国家、地域圏、市町村連絡会議がそれぞれ医療政策においてどのような独自的権限を有するかという点ばかりでなく、これらによって権限が共有される領域が定められることになる。

医師会の廃止と医師地域連合の拡大

医師会（職業上の共通利益を守るための、医師の職業団体）は、そのすべての機能が公的機関（県保健・社会福祉局、大学、県、裁判所）と重なっており、不要である。バイオエシックス（患者中心の医療倫理）について言えば、生命科学や医療に関する国家倫理審査委員会がそれを審査するもっとも適切な立場にある。医師会は、他のあらゆる職業団体と同じように、基本的には民主主義の論理よりも職業団体の論理を優先させるために存在しているのである。

それに対して、自由医師地域連合は研究と情報伝達において有用な役割を果たしており、医師によって自己管理されている。しかし、その主要な欠陥は、看護士などの他の医療従事者を医療に関する対話から排除していることである。それゆえ緑の党は、医療サービスに従事する各職業団体から選出された代表から構成される地域圏医療専門家連合――必ずしも組合の体裁をとる必要はなく、兼職禁止の規則を重んじるような連合――を各地域圏につくることで、自由医師地域連合の転換を図ることを提案する。

地域医療を立て直す

誰でもアクセスできる地域での治療と医療を提供するために、緑の党は以下のことを提案する。

・普遍的医療給付制度（CMU）の支給基準を、成人身障者手当（AAH）や高齢者最低生活保障手当のそれと同一にする。
・治療サービスとその支払いを、これまでのように治療行為に応じてではなく、患者の診療時間に比例して評価する。
・医療専門家の世代交代計画や、地域医療に携わる専門家の資格や能力を高める計画を実施する。
・医療専門家の地位や報酬を、医療の目標という観点から再検討する。例えば、一般医と専門医との報酬格差を縮小させる大胆な措置は、状況を打開するのに役立つだろう。
・医療助手を継続的に養成するプランを実施する。このプランは、大学の特別課程の専門的実践で獲得された経験を認め、彼らが能力を発展させたり医療専門職にアクセスしたりできる条件を容易にするものである。
・診療所を地域レベルで設置し、治療と医療のネットワークを発展させて医療に携わる専門家間の協同を促進し、社会保障に関することと医療に関することをより緊密に結びつける。また、医療専門家の報酬様式を多様化し、利用者によりよい診療を提供すると共に、救急患者の受け入れを改善する。
・行政評議会における市民社会代表の影響力を強めることで、公立病院や地方病院のあり方を再検討していく。
・医療研究プロジェクトの公募や採択に基づいて、大学病院センター（CHU）の研究・教育機能を強化していく。

・要介護の高齢者、「精神病」患者、拘留者、性的犯罪者といった特別な人々のケアを引き受ける新たな条件を、全国レベルや地域圏レベル、市町村協力機関レベルで提案していく。
・薬物依存や麻薬中毒、性病のような一部の特殊な病気についての予防戦略を開始するが、とりわけエイズ対策は、地域圏よりも、全国的な取組の対象になるだろう。エイズの拡大は続いており、治療方法の改善にもかかわらず大量の死をもたらしている。エイズの治療ならびにワクチンに関する研究支援を増額する必要がある。

これらの病気に伴う不利益が改善されるには、雇用・住居・社会保険などで差別がないように監視し、また、成人身障者手当（AAH）とパートタイム収入を併せることができるようにする必要がある。病気による制約に適合した住居へのアクセスを保証していくことも重要だろう。だが、地域医療にとってもっとも重要な課題は、依然として予防である。リスクが繰り返される時には、第一責任者である国家は先頭に立って、特に若者向けの予防キャンペーンを強化しなければならない。的をうまく絞った大胆なキャンペーン（麻薬中毒患者や拘留者に向けた予防キャンペーンを含む）が必要であるが、それは、学校内でエイズや一般性病の予防協会にアクセスしやすくすることにもなる。

精神医療の位置付け

精神的健康を損なわないための予防活動を展開する。
・子育てを支援し、労働条件を改善し、諸制度間の隔たりを取り除く。

・精神病患者を学校や職業に編入あるいは再編入するために支援する。
・ホームドクターを中心とする医療専門家の活動を、社会福祉や社会医学、司法、学校教育や雇用といった部門の諸活動と連携させる。
・入院治療に取って代わる措置、とりわけ家庭での治療を発展させる。
・治癒力を高めて、化学治療の行き過ぎに歯止めをかける。
・心理療法士の資格を正規なものにして、合法化された枠組みの中で心理療法を推し進める。

ユーザーの教育・情報・選択への権利を強める

・健康教育と個人の健康管理

医療費支出の大部分は、国民に健康文化が欠如していることに起因している。例えば、過度のクスリ依存であったり、極端な偏食をしたり、サプリメントを多用したり、運動不足であったりというように、病気の原因となる行動のほとんどは、生活様式や労働様式によってもたらされる。すべてを個人の責任に帰してしまってはいけないが、誰もが自分の健康を管理するようになることが目標であることを明確に打ち出さねばならない。医者‐患者という受け身の関係から市民‐臨床医という能動的モデルに移行することが重要である。こういった移行は、健康教育の進展や、広告による健康情報操作への批判を通じて実現されていくだろう。

・多元的な治療にアクセスする権利。

—保険協定の対象外の医療を第三者が評価する機関を設置する。

―保険協定の対象外の医薬製品を監視するために、その担当部門を保健安全委員会〔一九九八年の保健安全法によって新設された〕の中に設置する。

―「自然」医療に携わる医師の地位を定めて、その養成や訓練について規定する。また、患者との関係の治療倫理に関する法的条件を定める。

―非保険協定医を無料診療所や医療ネットワークに組み込めるようにする。

―入院施設で「自然」医療の看護を続けられるようにする。

―非保険協定の対象となる医療知識をもつ医者を養成する。

―保険協定の対象外の治療や薬の支払い条件について定める。

―医薬衛生品の市販許可（ＡＭＭ）を行なう独立した公的センターをつくる。

環境衛生と公衆衛生の両面から、公的医療政策を改善する

健康の環境的要因は、特に慢性病のほとんどを説明していると思われる。したがって、環境衛生を公的医療政策の中心的目標に置くべきであり、次のような措置を優先的に実施していかねばならない。

・核のリスク評価に使われているのと同じぐらいの資金を、核以外の環境衛生のリスク評価に投入する。具体的には、環境衛生安全保障局や健康監視研究所〔疫学的な調査・分析を行ない、健康リスクに関する知識を広めることで、国民の健康の増進を監視する組織〕の予算を、放射線防護・核安全研究所（ＩＲＳＮ）と同じ規模にしていく。

・地域医療政策の主要な柱となるよう期待されている地域保健安全監視センターを通じて、死亡率

と罹患率の減少をめざす保健安全措置を実施していく。

・ガンや呼吸器系の病気、アレルギー、神経性疾患といった増加しつつある病気にも、精神的な疾患にも、肉体的・社会的・精神的な環境要因が大きく影響しているが、これをより客観的に評価するために、環境衛生を研究政策の中心に据えた、地域格差に関する幅広い研究を企画する。

・室内環境汚染の対策として、特に小児性鉛中毒の根絶に関する全国計画を実施する。

・公共政策の健康的側面を尊重するために、すべての省庁と地方自治体に健康対策室を設置する。

・化学物質を第三者機関で評価する欧州政策を積極的に支持する。

労働安全衛生の改善

アスベストの危険は、労災予防システムが破綻していることを明らかにした。最近、破棄院〔フランスの最高裁判所〕のアスベストに関する法解釈が変化して、雇用主は労働の安全衛生について全面的に責任を負わねばならなくなったので、労働安全衛生の考え方や取組を急激に変えていかざるをえなくなった。予防原則がついに労働世界に姿を現わしたわけで、職業病や労働災害のリスクを社会的に受け入れ可能な程度に引き下げることが今日の最重要課題となっている。

労働安全衛生の分野では、フランスは大部分の工業諸国に遅れをとっているが、今後それを埋めていくためになすべき主要な改革として、緑の党は次のように提案する。

・実際にどの雇用主も、企業の業務上の危険を地方労働医学監督局〔職場における労働者の肉体的・精神的健康の安全を監視する、労働法によって定められた機関〕に評価してもらい、化学的・物理的・人間工学的なものに起因する業務危険の可能性を最大限に尊重しなければならない。職業病や労働災害があまりにも多ければ、雇用主は危険な製造工程を見直さねばならない。
・労働安全衛生に関する研究を発展させる。
・安全衛生労働条件委員会（ＣＨＳＣＴ）[1]の権限を強めるために、この委員会の委員を選挙で選んだり、労働組合代表の活動時間〔職務執行時間中に労働者の代表に認められる優遇措置で、労働時間としてみなされる〕を増加させたりするとともに、企業の労働安全衛生の取組に対する第三者評価を導入する。
・業務危険防止上級審議会（ＣＳＰＲＰ）[2]を改革して、その権限を業務危険防止の分析や危険な作業工程の改善命令にまで拡張する。
・職業病や労働災害の犠牲者が被った損害を全面的に賠償する。

製薬産業の規制

産業には財やサービスを生産するという重要な役割があるが、産業的利益が社会全体の利益に取って代わることがないよう、産業の役割を制御しなければならない。製薬産業の規制に関して、われわれは次のように提案する。
・継続的に医師を養成するための独自な財政基金を創出する。
・医学教育、医療研究、医学会議開催費などに対する製薬産業からの資金提供のような、医療専門家に影響を及ぼす活動を抑制する。

・保健安全委員会[3]が制御の役割――特に医療広告を制御する役割――を果たすことができるように、その独立性を強化していく。
・国会議員や大臣に影響力をもつ団体に、その性格や活動の目的、活動資金の額について届け出ることを義務づける法律を採択する。
・ジェネリック薬[4]を開発する。

Ⅱ 学校と教育――民主主義にとっての優先事項

教育や職業訓練をどう組織していくかということは重要な政治的問題である。それは、人生のさまざまな段階ですべての人に関わってくることであり、社会とか労働生活に組み込まれる条件や、今後生じる問題への国の対応能力を部分的に規定するものである。フランスでは学校が、共和国への統合と市民間の機会均等という意志を表現する役割を担う公的制度の一つとして考えられている。

教育予算は国家予算の中でもっとも大きな支出項目になったが、フランスの公的教育支出が公共支出全体に占める割合は、ＯＥＣＤ諸国で一四番目にすぎないし、その対国内総生産（ＧＤＰ）比は八番目に入るにすぎない。教育職の給与という分かりやすい指標（この指標は、教育をどれだけ重視しているかを如実に示す）では、フランスは一四番目と一八番目の間にあり、韓国などよりもはるかに後ろに位置しているのである。

一九七〇年代の中頃から一九九七年までの間に失業が増え続け、貧困層と社会的「排除」と呼ばれている境遇が増加し、富裕層と貧困層の格差がますます拡大するようになると、しばしば誤って学校を諸悪の根源として非難する風潮が強くなった。だが、諸悪の根源は社会のあり方や利潤獲得競争にあるのであって、学校制度にあるわけではない。とはいえ、学校運営のなされ方や教育目標という点から見た学校の効率性について現状を評価し、学校の将来像を示すことは依然として重要である。

診断――学校は危機にあるのか？

「学校の危機」や「学力低下」に関する議論がずっと続いているのは驚くべきことである。対照的な、だがいずれ劣らず巧妙な診断が次々に出されて、生徒も親もだんだん分かりづらくなっている。緑の党も独自の診断を行なうが、われわれの意図は、結論や最終的な解決策を出すことではなく、議論し道を開いていくことにある。

学校は、一六歳――実際にはそれ以上の歳――までの若者すべてを受け入れなければならないという法律で定められた義務に、どうにかこうにか対応してきた。一五年前にバカロレア〔大学入学資格試験〕受験資格者は同年齢の学生の四〇％にすぎなかったが、今日ではその三分の二がバカロレア受験資格者である。しかし、一九八四年に掲げられた、バカロレア受験資格者を同年齢学生の八〇％にまで高めようという目標には届いていない。現状では、学校がこの目標を達成できるかどうか疑問である。なぜなら、近年、国民の教育水準の長期的上昇傾向にストップがかかっているからである。

といっても、何の職業資格も持たずに学校を離れていく若者の数は、最近の二〇年で二七万人（三〇％）から六万人（一〇％）へと大幅に減少している。また、生徒の平均水準について言えば、全般的に進歩しているわけでも、あらゆる分野で後退しているわけでもない。例えば、文法や正字法の習熟度は向上していないが、要約文の構成や立論は四〇年前よりもうまくなっている。公立学校に敵意を持つ右派が主張するように、現在の教育制度が末期的状況にあるわけではまったくないのである。にもかかわらず、ますます深刻化する困難に教育現場で日々直面している教師にとっても、学校がつまらないと感じている多数の生徒にとっても、満足からほど遠いのが学校の現状である。

何の職業教育も受けないで学校を離れていく若者の数は減ったが、それでも学校卒業後の若者の運命はかつてよりもはるかに厳しくなっている。それほど資格の要らない職種をめぐってさえ、高学歴の若者達が激しく競争するので、何の職業資格も持たないで学校を離れた人が職を見つけるチャンスなどほとんどなくなってしまう。平均的資格のレベルが上がれば上がるほど、資格のない人はますます低く評価され、システムから排除されることになるのである。

フランスの学校教育の平等原則は依然としてシステムの要であるが、この原則が実際に実現されるのは難しい。教育がマスプロ化されるにつれ、第一段階〔中等教育は、一一～一五歳の四年間を対象とした第一段階である中学校と、一五～一八歳を対象とした第二段階である高等学校（リセ）に分かれている〕の終わりまではすべての人に同一の教育を与えるという主張と現実との差が大きくなってきた。大きな不平等が教育機関の間に存在していることは明らかである。問題のある教育機関の状況が学校制度全体の状況を示すわけではないが、システムの「ひずみ」は多くの場合、それが直面している全体的困難をかなり的確に表現する。実際、親達は子供達と一緒に、社会階層の共通性によって困難を回避したり迂回したり、自分達の子供の結束を図ったりする戦略に力を注いできた。一般に、規範や規則をよく守り、学校教育期間中に起こりうる困難について知っている生徒――教師の子供達が多い――は学校で比較的うまくやっているが、こうしたことが、いい学校と悪い学校との格差をいっそう大きくしている。だが、社会的期待を反映する基準で評価された教育「成果」が定期的に公表されるようになると、教育システムがますます外部によって方向づけられ、システムの行為主体は、予防手段を持たない外部の変化に合わせることに全力を注ぐようになる。それゆえ、教育システムがどこへ行くのか、またそれは何のためにあるのか、分からなくなってしまうのである。

また、校内暴力がしばしば起こり深刻化の一途を辿っている。一部の教育機関ではこのために、教師にとっても生徒にとっても耐え難い状況がつくり出されている。

われわれは、さらに学校改革を進めていこうと提案しているわけではない。繰り返される学校改革に、生徒も親も教師もすでにうんざりしている。大臣が変わるたびに学校で相反する実験が絶え間なく行なわれるが、職業訓練や教育には長い時間がかかるのであり、また改革の効果は六~七年後になってしか目に見えて現われないものである。だからといってわれわれは、事なかれ主義的な主張をしているわけではない。学校で行なわれていることは、誰もが意欲と想像力をもって注目し、聞き取り、観察する対象となるべきものであり、あらゆる人が責任を負っている重要問題なのである。進められるべき変化に最低限の社会的合意が得られるよう、教育問題を国民議会の選挙期間やその後の議論に委ねることが必要だろう。

いかなる市民のための、どのような知識か？

フランス語や数学という従来の教科を重視する人々と、教授法や学際的教科や多様な実習のメリットを称賛する人々との間で議論が続いている。これら二つの主張はいずれも有力な論拠に支えられているが、他の主張を圧倒するほど決定的なものではない。こういった議論が結論を見い出せないのは、実際のところ、答えるべき問題ではないからである。かつての主要教科は、二〇世紀初頭に決定された政治的企画――勝ち誇ったフランス共和国の政治的企画――と結びつく一定の世界観と併せて教えられていたので、それだけ容易に理解されたのであり、今日、かつてと同等の資格を持つ教師が同じ授業をしても、もはや理解されることはない。だからといって、教授法の手直しで問題が解決されるわけではない。中味のない教授法では、学校の危機への打開策さえ打ち出すことができないのであり、学校に何を教えてもらいたいのか、どんな社会的企画が教育を基礎づけるのかについて、社会が最低限の合意をもって語ることができるときにしか、この困難への解決策を見い出しえないのである。

教育という公共サービスの役割は、一九八九年の教育基本法[5]で規定されている。しかし、きわめて一般的な表現で述べられている教育基本法は、法律が学校に期待していることを理解するのに結局ほとんど役立たない。要するに、学校は知識や能力や社会的適合力を広めていかねばならない、と教育基本法は言っているのであるが、学校が確実に広めていかねばならない公共文化の内容や、自由で平等な市民が二一世紀に共有すべき知識のあり方、期待される社会的行動のタイプといったことについて、この法律は何も語っていないのである。共有されるリスクがますます増大しているグローバル化された社会において、リスクを生み出すと同時にその犠牲にもなるわれわれにとって、いったいどのような知識が必要なのだろう?

フランスは長年の間、拠り所はまさに科学にある、と信じてきた。科学は、人間による自然への支配を可能にすることで、自然が課す偶発性を回避させ、物質的繁栄と自由を同時に保証することができる、と考えられてきた。だが、科学と生産が日毎に進歩している今、そのような考えを主張し続ける人は少なくなっている。昨日の進歩はたちまちのうちに乗り越えられるべき障害になってしまい、人間は進歩に振り回され続けている。人類を破滅に導かないためには、一つ一つの進歩を以前よりも大切に扱わなければならないだろう。しかし根本的には、進歩という考え方自体を問い直す必要がある。このような文脈で考えるならば、学校のカリキュラム〔授業計画、教科〕をただ時の流れに合わせるようなやり方はきわめて不適切だといえよう。新しい知識を付け加えるためにこれまで教えてきたものを少しだけ取り除くというやり方では意味がなく、二一世紀の若者に伝えていくべき基礎的知識を定義し直そうとするような、全面的な反省が行なわれなければならないのである。

これは、教育の専門家だけに関わる問題ではない。だからこそ、国民を代表する議会が、広範なヒアリングを基に行なわれる議会審議を通じて、社会が望む、伝達され共有されるべき共通文化の内容を定めることができるのである。とりわけ重要なのは、国民やEUや地方組織が市民生活の中でどのような位置を占めているのか、欧州人の世代をどのように形成していくのか、ということについて議論することであり、現在の世界において市民権とは何なのかを定義することである。つまり、学校やそこで働いている人々に、各人が担っている責務について繰り返し語りかけることが大切なのである。カリキュラム検討委員会は、教育を国民共通の問題にすることをめざして、国会議会の議論で引き出された教育基本法を実行に移すために活動し、知識や理解力や能力のより適切な育成方法について提案していかなければならない。

生徒を一人の人格として認識する

学校に在籍する少年・少女を含む教育共同体の全構成員は、学校における男女平等の問題に敏感でなければならない。とりわけ、社会によって伝達され、さまざまなレベルの教育界に広がっている伝統的な性別分業観〔「女性向き」の進路や職業教育〕が学校で再生産されること——生徒の性によって、進路指導や授業計画、教師の期待が異なること——を問いただしていくことが必要である。

もっと多様な教育コースを整備する

現在の中等教育〔中等教育は、四年間の中学校と三年間の高等学校で行なわれる〕の段階は画一的で柔軟性に欠けており、バカロレアに一〜二年遅れて合格した人には不利になっている。いまだに学校は、落ちこぼれたくなければ流れに沿って進まざるをえないようになっているが、どの子供も同じテンポで進歩するわけではない。それゆえ、選別的なやり方よりも実習の積み重ねを通じて文化を学んでいくことを重視し、生徒個人の教育コースをもっと柔軟にしていくべきである。

各生徒の学習時間を適切に調整する

どの生徒も必要な場合は、クラスで受ける集団学習の他に、チューターによる自習支援や小集団での学習を利用できるようにすべきである。集団的枠組みの学習時間も個人的な学習時間も、生徒によって異なるのは当たり前である。これはあらゆる教育機関に当てはまることであり、困難が集中している地域の教育機関に限ったことではない。

子供達の生活リズムが周囲の大人の職業生活や観光旅行によって制約されて当然である、という考え方は受け入れられない。子供の一日の生活を均衡のとれたものに組織し直す（学校で過ごす時間、家族で過ごす時間、自律的な余暇時間、休息あるいは息抜きの時間を調和よく組み合わせる）のにふさわしい枠組みは市町村である。それゆえ、児童のための公的教育機関が市町村で推進されることを提案する。

進めていかねばならないプラスの差別

フランスの平等を実際に実現していくには、公的教育資金が教育機関の間で一律に配分されないことが必要である。

クラス定員の削減は、それがすばやく大規模に導入され、特別教育の必要があるクラスの生徒を五人から一〇人に抑えられるときにのみ、意味があり、効果がある。一九八〇年代の初頭に開始された教育重点地域には、多くのエネルギー（教師、校長、教育優先地帯のコーディネーター）と共に、教育効果を上げるための追加資金が投入されたが、そこでは持たざる者により多くを与え、学習困難な生徒には別の教育課程で教える、ということが重視された。だが、教育重点地域は経済的・社会的悪化に見舞われて、実際の教育的困難に陥ってしまった。教育計画は効果を発揮していたのに、教育機関の置かれた地域が容赦のない経済的破綻に陥ってしまったのである。両親が抱えている多大な経済的困難、違法な密売や闇経済の増加、働く意志があるのに不足している若者の雇用、といった希望のない諸悪が累積して、教育重点地域が打破せねばならなかった教育的関心の低さや文化的隔たりがいやおうなしに拡大していった。今日、教育の落ちこぼれを防ぐためには、教育重点地域のような地区別の政策とは異なるプラスの差別政策を推し進めていかねばならないだろう。

就業と研修を組み合わせた職業訓練制度を簡素化し、改善する

一五〇万人ほどの若者が就業期間と研修期間を交互に組み合わせた職業訓練を受けているが、このシステムは今日、かなり不透明であることや、各種の職業訓練制度（職業教育高等学校、職業訓練センター、資格取得契約、見習契約、再訓練契約）間の競争のために行き詰まっている。

職業訓練制度を透明化し、簡素化していくために、緑の党は以下のことを提案する。

・労働と国民教育に関わる公的行政機関の統制下で、あらゆる職業訓練制度の管理を地域圏に委ねることによって、地方分権化を推し進めていく。
・とりわけ、職業教育高等学校の生徒全員に奨学金を給付することによって、職業訓練制度に登録されているすべての若者の報酬レベルを均質化する。
・企業での職業訓練の質的評価に、労働組合組織を参加させる。
・民間に代わる公的な見習養成センター（ＣＦＡ）を増やしていく。
・就業と研修を交互に組み合わせた職業訓練制度の理論的・一般的教育を改善する。
・不安定雇用であることが多い、職業訓練センターの職員の身分を安定させる。

高等教育の第一段階の危機

大学の現在の落第率は、高等学校の最終学級の生徒が習得した知識と大学で要求される知識とのギャップを示しているが、バカロレア合格後に待っているこの残酷な選別形態を、システムの正常な調整様式として考えることもできる。大学の第一段階に一年または二年間の進路指導段階を再導入することが考えられるべきだろう。他方、学んでいけるだけの財政的自立を若者が少しずつ獲得できるような、真の学生資格を確立すること――これは（少なくとも一定年齢以上の）若者に対する支援と家族に対する援助を切り離すことによって行なわれる――が必要だと思われる。学習の再指導、働いて数年経ってからの学び直し、働きながら学び続けることなどを容易にする横断的教育課程や、職業経験の評価、授業総時間数の軽減、遠隔教育といったあらゆる方法を、この枠組みの中で推進していかなければならない。

学習計画、資金、人材

初等・中等教育では、一九八九年の教育基本法以来、学習計画の実施が義務づけられている。だが実際のところ、学習計画の実施は当初の目的から逸脱しており、資金の要求やその使用の口実として役立っているだけである。緑の党にとって学習計画を進めるのは、教育共同体を持続的に活性化させていくためである。例えば、基本的知識（読み書き）の習得の失敗を減らしたり、両親を決定や学習計画教育にもっと参加させたり、進路指導の放棄や失敗を少なくしていく、といったことが重要なのである。

教育機関の学習計画やそれらを承認する契約は、学校を活性化させようとする人々が日常的に行なっている無数の創意や職場の独創的工夫を蓄積していく、すばらしい手段にもなっている。そのような学習計画を成功させられるのは、中期的に持続する大人の集団だけである。教育機関が中期的に（三年または五年間）保証される安定した資金を受給されて、年度予算という制約から解放されることを、われわれは提案する。そうなれば、学習計画は、生徒をより集団的に引き受けることを可能にする、教育機関の運営手段になっていくだろう。

認められ尊敬される教員の養成

近い将来に大量の退職者が出始めるのであるから、質の高い教員を募集することは、公的権力が今後何年かの間に解決すべき大問題の一つになる。高等教育課程の初めに将来の教員を選抜試験で募集できるような、中等教員養成課程に匹敵しうるシステムを設ける必要がある。教員には、彼らが昇進を望めば管理職に進むことのできる道を開けておかねばならない。

不安定な身分の教育補助者

教育補助者を大量に採用する政策が一九九七年に開始された（その数は現在、七万人である）が、教育機関（主として小学校、中学校）への教育補助者の配属は、授業の編成においても教育機関の機能の面でも深刻な問題を生じさせている。冷ややかな関心と不安の中で現場の教育スタッフとして迎えられた教育補助者は、今やなくてはならないものと考えられているが、集団的業務の面でも地位の面でも、彼らは驚くほど軽く扱われている。実際、いずれの面についても、すべてがきわめて不安定なのである。教育補助者の参加によって実現される教育革新は、彼らの能力ややる気、学習計画に依存している。彼らは教育業務を通じて貢献し、校長との間に良好な協働が形成されるのであるが、雇用が永続的でないために、彼らの教育貢献は継続されることがない。他方、教育補助者はどんなにいい教育業務をしても、五年経てば解雇されてしまうのであって、彼らの教育経験は何も認められない。また、当初の雇用契約とは異なって、彼らの社会編入が保証されることもない。教育補助者政策は結局のところ、教育関係者のやる気や能力を引き出すように教育システムを改善できる可能性がある、ということを明らかにしたにすぎなかった。

いずれにせよ、教育業務は以下のやり方で評価されるべきである。

・文部省の職に任用されたいと望む人々には、そういった「実地指導」の経験を特別選別試験で評価する。

・一般的な教育職をめざす人々には、教育経験の評価を行なう。

両親と学校

教育には三つの場がある。第一の場は家庭で、第二の場は学校である。非営利団体《アソシエーション》や社会教育活動が教育の第三の場であるが、それらは後退しているか、教育的役割を見失ってしまっている。両親、教師、社会福祉職員〔ケースワーカー、保母、民生相談委員など〕といった、子供や若者に関わる大人が互いに信用を落とし合ってはならない、ということをまず注意しておこう。

最近ではわずかながら改善されてきているけれども、両親と学校との間にしばしば敵対関係が見られる。両親はやや性急に「学校の消費者」あるいは「責任放棄する人」として捉えられがちだが、そのような敵対関係の責任の大部分はここ二〇年来の教育政策にある。両親と教師は、互いに認め合い、子供の教育におけるそれぞれの役割を認識し合うことに努めなくてはならない。そのためには、両親と教師がしばしば出会うことのできる恒常的な場と時間が、教育機関の中に置かれる必要がある。だからこそ、緑の党は参加型民主主義を支持し、両親が最初から教育計画に参加するオルタナティブな学校改革を求めるのである。

生涯教育

生涯教育法で定められている生涯教育の恩恵に勤労者がみな浴しているかと言えば、そんなことはまったくない。多くの研究が明らかにしているように、生涯教育の可能性は何よりも当初から高等教育を受けた人々に役立っているのであり、それゆえ、今のところ生涯教育は、学校卒業時に確認された不平等を補うどころか、むしろそれを拡大してしまっている。

ところで、生涯教育を享受すべきは教師自身である。教師が、学校が唯一の世界であるかのようにほとんどの時間を生徒の前に立って過ごすことは、望ましくもないし、いいことでもない。七年毎に一年の研修期間が教師のキャリアに組み込まれ、この研修期間を教師が企業での実習や、外国——まずは欧州諸国——の教育システムの見聞に使うことが望まれる。

学校を一時的あるいは最終的に離れたいと思ったり、別の分野から教師になりたいと思えばそれができるように、教育職と他の公務員職との間を移動する制度が一般化されるべきであろう。

地域間の平等を保証し、教育機関にもっと自律性を与える

教育機関やそこで働く人々により大きな自律性や決定権を与えるといっても、教育の公共サービスとしての性格を見直そうというわけではない。教育計画も免状も、教育機関の編成や業務の規則も全国的なものであるが、足かせをはめられた状態では、教育機関は窒息してしまう。中央行政機関はいつものように、地方分権的な措置の長所を打ち消すような大量の制約措置をさらに導入して、いったん与えざるをえなかった自律性を取り返そうとする。しかし、教育機関は、認められた責任の範囲内で、決定権を持つことができて当然である。教育機関において民主主義が機能するのは、教育目標が立てられ、学校評議会[6]が中味のある措置について有効に審議するときだけだろう。教育機関の活性化に関心のあるあらゆる分野の意見が反映されるように、教育機関に認められる権限や学校評議会の構成を変えていくことも必要である。教員候補者を集めて教員候補者選抜委員会を開いた後でも、関連業務に携わる人員を募集できるような、もっと大きな権限が学校長に認められなければ、教育機関の自律性は進展しないだろう。

学校評価

学校が追求している誰もが分かる目標――学校問題について見い出されるべき合意の反映である目標――の調査指標に沿って、学校の教育や運営の質を評価する。評価という真の文化を国民教育におい

て確立することは、国民教育の信用にとっても、その運営を可能にするためにも必要である。

小学校が直面している困難を過小評価してはならない。教育システムのどの段階も――ある時は中学校も高校も――十分な効果を上げていないとして社会的非難を浴びている。実際、小学校から大学までのすべての段階が教育システムの全般的危機にさらされているが、いずれもおろそかにできない。

教員全体が今後一〇年の内に根本的に入れ替えられていくことになるが、それを、教員の職務やその変化について、さらに新任教員の訓練や継続的研修の仕方について反省する機会として活用すべきである。近い将来に予想される若い教師の大量募集は、社会が学校――今やその予算は他のどの省庁の予算をも上回っている――と結びたいと期待する契約について考える絶好のチャンスにもなるだろう。

開かれた、譲歩のない非宗教性

学校は宗教や政党から独立した議論の場、つまり、いかなる政党や宗教の宣伝をも行なわない場として存在すべきであるが、だからといって、社会から孤立しているわけではない。宗教的信仰を離れたり、対立的意見を和解に導いたり、科学万能主義的な幻想から脱却したりすることを保証できるのは、まさに議論なのであるから、学校でこそ、人間の大問題や存在の意味をめぐる議論が闘わされなければならない。

そうすることで初めて、消費主義や市場主義的自由主義が遠ざけられ、あらゆる男女の平等が再確認されることになるだろう。フランスの学校は、同じ権利を有するからといって同一になる必要はない、と声高に叫ばなければならないのである。

社会教育活動の重要性

社会教育活動の関係者はいずれも、自分達を公的命令の請負人や、雇用とか安全に関する問題解決をめざす市町村政策の執行人代理人に変えてしまう傾向について非難している。また、非営利団体《アソシエーション》は、非営利団体間の競争や、もっと安い費用で応じる民間部門との競争の下に置かれている。非営利団体の中には、彼らの組織を私的企業として管理するよう求められて、商業的経営手法や交渉手続きをとるようになった団体もあるし、また教育や福祉や社会編入の「民営化」について語る団体もあり、代償のない非営利団体の無償の奉仕や反営利的活動は今や枯渇状態にある。

自治体や企業の批判的パートナーとか、もう一つの道を示していくという役割を、非営利団体部門に取り戻させるべきである。すでにある教育団体や慈善団体の社会的有用性、あるいは、新しい形態の社会的・心理的貧困に取り組む中で生まれた慈善団体の社会的有用性を認めることは緊急に必要であるし、可能でもある。

経済的激変のために社会が完全に解体してしまうのを防いだのは、まさにこれらの組織や人々だったのである。

さらに、社会復帰訓練士やスポーツクラブの指導者、スポーツ文化センター（地区センター、青少年文化センター、青少年クラブ（CLSH）、社会奉仕活動（TIG）のボランティア組織、等々）のリーダーといった、無償で指導に当たっている人々の社会的貢献を、年金支給額や社会的共済金、報償金、有給休暇などの権利を与えることで認めていかねばならない。

III　市民との合意に基づいて研究を発展させる

緑の党は、他のどの政党よりも長期的政策を重視しているが、とりわけ研究政策に注意を払っている。というのも、未来の可能性はある程度まで、大学や研究所で行なわれる研究に規定されるからである。また、緑の党は、基礎的研究であろうと具体的目標に向けられた応用研究であろうと、それらが地球全体の持続可能な発展に寄与することを望んでいる。持続可能な発展の実現にとって社会的・経済的・民主主義的な条件が重要なことは言うまでもないが、研究もまた、今日われわれの社会で起こっているいくつかの問題を解決していくのに貢献する。

だが今や、基礎研究と実用的な応用研究が科学技術の内部で融合してイノベーションの原動力となり、長期的にもたらされる恐れのあるリスクの研究が十分に行なわれないままに新製品が市場化されて、激しい競争が引き起こされている。研究が、新たなリスクを生む要因になっているのである。

研究開発の現状

フランスは、公的研究がきわめて優位を占めている国である。国家予算の約五％が公的研究に使われており（ＯＥＣＤ諸国でトップ）、アメリカやＥＵの平均よりも（対人口比で）多くの学位論文が生み出されている。しかし、この数値は相対化されなければならない。なぜなら、国家予算に占める公的研究の割合は多数の諸国で増えているのに、フランスでは一九九五年から減少しているし、そのうえ、国家予算の五％に当たる公的研究費の四分の一が軍事研究に振り向けられている、つまり、公的研究予算の二〇％が宇宙研究のためだけに使われている――このようなことは、アメリカ（五〇％）を除くほとんどの国に当てはまらない――からである。また、学位論文の数にしても、フランスはもっとも減少している国に入っているのである。

裏返せば、フランスの産業は、アメリカや日本やドイツの産業と比べて研究投資に熱心でないということである。これは、人口に比べフランスの特許数がＯＥＣＤ諸国の中でもっとも少ないこと、アメリカや日本、ドイツばかりかオランダにまで先を越されていることからも明らかである。フランスは一九九五年以来、特許登録数の増え方がいちばん少ない国であり、このような状況はいまだに改善されていない。人口比で見たフランスの研究者の数は中くらいに位置しており、日本やアメリカや北欧諸国に先を越されている。この状況は一九九五年から悪化の一途を辿っているが、近づきつつある研究者の大量退職のためにますますひどくなる恐れがある。

研究と市民

緑の党は市民が研究政策に参画する手段を持てるようになることを望んでいるが、それには三つの方法が考えられる。

・市民が科学に関する問題を理解したり研究者に質問したりする、科学喫茶とか科学サロンのような、議論や討議や科学情報の場を発展させていく。重要なのは、科学を普及させることよりも対話する場なのである。また、初等・中等教育の授業と大学を連携させることによって、研究者と若者との交流を推し進めていく。

・優先的に発展させたいと望む科学分野について市民が主張できるように、情報やコミュニケーションの手段を工夫する必要がある。市民や労働組合、非営利団体《アソシエーション》や企業が、発展させるべき、あるいは抑制すべき分野や、今後重要になる分野に関して意見を述べるために、研究政策や研究分野について科学者と議論する地方別討論会を、例えば五年毎に開催する。

・生き物のクローン化、遺伝子組み換え作物（ＯＧＭ）、気候温暖化、放射性廃棄物の処理といった、人類の将来を左右する大問題に関する議論が、市民にとってますます必要になってきている。市民会議はその一つの手段であるが、別のやり方も見つけなければならないだろう。年に一度、コンピュータでの双方向の意見交換による国民的議論を組織する、公開討論全国委員会を設置してもいいだろう。

研究と専門家による鑑定

実業家の言葉や政治家の言葉がまったく信頼をなくしてしまった今、市民は専門家の言葉まで疑っている。それゆえ、専門家による鑑定報告書が重要になっている。

専門家の仕事と研究者の仕事は同じではない。専門家は、政治家や決定権を有する人に助言すべき人であるが、まだよく知られていない発展途上の分野では、専門家の務めを遂行することができるのは研究者だけである。当面の科学的不確実性を超えて、現在の知識の状態でもっともありうる可能性や少数の仮定を伝えることが、専門家の務めなのである。

人はしばしば、専門家の独立性について言及する。専門家に支払うのは誰か？　専門家は誰から独立しているのか？　専門家にはどのような経歴があるのか？　専門家は、自分が鑑定すべきことについてすでに肯定的あるいは否定的な意見をもっているのか？　専門家一人では、不確実な科学分野のデータや問題をすべて考慮した満足のいく鑑定報告書を作成することなどできはしない、という考え方が徐々に有力になってきた。緑の党は、問題に対して違った意見を有する人々を含む複数の専門家による鑑定が必要だと考える。なぜなら、是が非でも合意を求める（これは研究者の自然発生的傾向であり、また決定権を有する者の要請でもある）ことではなく、正反対の意見をもつ専門家と専門家が意見を闘わす法廷審議のように、少数者の意見を理解し考慮することが重要だからである。

専門家による鑑定は、国家や実業家に資金を依存しないで、少なくとも資金の一部は例えば市民によって調達されるやり方で行なわれるべきだろう。しばしば時の権力に恐れられ、反対派に称賛されているこのような立場こそ、緑の党にとって基本的なものである。

とりわけ健康や環境の分野では、法律が公的権力によって制定されなければならない。例えば、大気中に含まれるオゾンの危険値や飲料水中の硝酸塩の容認可能な限界値などが定められる必要がある。このような規則の制定は、それに関わるすべての行為主体によって、特にEUできわめて強い力を持つ実業界の圧力団体が妨害活動をする中で行なわれるのであり、それだけに、各省庁の疑問に答えることのできる、関連する研究分野の公的専門家の存在が不可欠なのである。

発展させねばならない研究分野

今日まだ不十分で、強化していくべき研究分野には、以下のものがある。

・環境に重要な関連がある分野（エコシステムや自然環境、生物多様性、農業ならびに森林の土壌、有機農業、エコシステム汚染物質の作用や毒性、等々）、および、地球との関連が大きい分野（気候温暖化、オゾンホール、土壌浸食、等々）。

・健康に関連する研究分野。とりわけ、環境と密接に結びついた病理（喘息、アレルギー、等々）の分野を重視し、公衆衛生や疫学の発展に基づいて予防的側面（例えば携帯電話によるリスクを、それが現われる前に予想しておく）を強化する。また、特に熱帯諸国で出現し始めた病気の研究と予防に力を注ぐ。

・再生可能エネルギー（とりわけ太陽光電池）、電気や水素化合物の貯蔵、そしてとりわけエネルギー効率に関する研究。

・交通・運輸の分野。都市交通や運賃、特に多額の管理・維持費などに関する革新的解決策について研究する。

・遺伝子についての研究。技術的に成功することだけでなく、基礎的メカニズムを解明することが重要である。倫理的側面を重視し（例えば、胎児より大人の株細胞〔培養細胞系統の元になる細胞〕の研究を優先する）、不可逆的リスクがこのような研究によって生み出されないようにする（例えば、屋外の畑で遺伝子組み換え作物（ＯＧＭ）の実験をしない）。

要するに、とりわけ、持続可能な発展は単に科学や技術に基づいてのみ構築されるのではない。経済的、社会的、政治的諸問題をもっとよく理解しなければならないのであって、人文科学の根本的再構築が必要になるだろう。今日、人文科学は、いわゆる自然科学に比してあまりにもわずかしか進んでいない。さらに、特に地球生態学の進歩に不可欠な、学際的研究チームを編成していく必要がある。また、研究資金を増やすことはできないのだから、軍事研究の予算額を減らしたり、原子力部門の予算を施設の安全や放射性廃棄物の問題、原子力発電所の解体の問題に振り向けたりすることに、緑の党は賛成である。大規模投資について言えば、それが現在のようにいくつかの特定部門で独占されてしまわないよう、フランスはEUレベルで関わっていかなければならない。

研究の管理

フランスは研究者の大規模な交代期を迎えている。数年に渡って順調に新旧交代が行なわれるように、また、若手研究者の養成が保証されるように、研究者の募集計画を作成する必要がある。フランスの研究管理には、管理運営に携わる人にあてがわれる資金がきわめて少ないという欠陥があるが、この資金が少ないと、研究そのものが発展する土台が奪われることになる。今後、管理運営に携わるポストを大幅に増やしていかなければならない。

研究の世界では研究者の活発な移動が不可欠であるので、博士課程修了者《ポスト・ドクトラ》が元の研究所に留まることはできるだけ避けるべきである。どの研究職に就く場合も、その前に外国に滞在する経験が必要とされる。また、フランスの研究所を外国の若者や祖国を離れたフランス人にとってより魅力あるものにするために、独創的な研究計画を提出すれば与えられる長期契約(更新されることのない、ポスト・ドクトラへの奨学金が付いている五年間契約）を結ぶようにしてもいいだろう。

しかし、国立科学研究センター（ＣＮＲＳ）や大学の他にも、研究者の移動が大いに制限された、実にさまざまな資格を有する多数の研究機関が存在している。資格の平準化による研究者の移動の促進が望まれる。

研究者は教育問題に熱心に取り組まねばならない。知識の伝達をまったくしないで、最先端の研究を一生し続けていくことなどできるのだろうか？　学生という聴衆に話しかけて視野を広げていくことは、研究者にとって有効ではないだろうか？　一部の研究者は、特に高等教育の段階で、あるいはセミナーを組織することで、すでにそうしている。研究者が生涯にわたって柔軟な仕方で高等教育に参加する――全面的に研究に没頭する期間もあれば、教育に携わる期間もある――、という方法もあるだろう。

公的部門の研究者には、基礎研究をするという使命だけでなく、特に新しいテクノロジーの分野では課題に応えるための研究を行なうという使命もある。世界貿易機関（ＷＴＯ）で予定されている知的財産改革と平行して、またそれを先取りして、公的研究機関はイノベーションの中心的分野で特許をとり、市場主義から一般的利害を守ることができるだろう。

公的研究と民間研究との協力は、平等と補完性に基づいて行なわれるべきだろう。今日、研究資金の不足に悩んでいる公的研究機関は、研究費のほんの一部しか支払わない実業家に利益をもたらすような私的契約を、運営上の理由から結ばざるをえない。公的研究チームは全面的に公的基金に基づいて研究することができて当然であり、ただ財政的制約のためではなく、自分達の研究にとって有益だと考えるときに限って、民間部門と契約を結ぶようにすべきである。

流行に乗らないテーマや、予測できないことが多く、成果を出すのに時間がかかるけれども重要であるテーマについて研究する小規模チームに、公的研究の予算の一部をとっておく必要がある。というのも、そのような研究チームが同列で予算獲得競争に臨むなら、往々にして大規模研究機関の圧力に負けてしまうからである。

今日、地域圏は研究の力をつけてきており、地方の花々や食習慣と関係している特殊アレルギーのような、地域特有の問題について研究者に提起できるようになっている。地域圏は、奨励資金や学位論文手当などによって、地域圏の研究を方向づけていくべきだろう。すでに豊かな地域圏で始まっているこのような取組を、国家の支援によって、その他の地域圏にも拡げていかねばならない。

緑の党はまた、「科学の第三セクター」が発展していくことを望んでいる。さまざまな措置（協同研究所への融資、研究者の出向、学位論文奨学金、鑑定調査助成金）によって、市民による協働的な研究が支援されるならば、商業ベースではないイノベーションや、専門家による鑑定の多元性が促進されていくだろう。

Ⅳ　商業化に対抗する文化

フランスの文化政策が一九五〇年代から優先的に取り組んできたのは、芸術や科学などの「精神的作品」に多くの人々がアクセスできるようにすることであり、大規模な文化施設を全国に設置することであった。しかし、そのプロセスで、「高級文化」として分類される部門と大衆文化に格下げされる部門との断絶が生じた。予算の割当てや優先順位からも、このような断絶を読み取ることができる。

これからの文化政策ならびにコミュニケーション政策の役割は、商業化に対抗して文化の多様性を維持するような公共サービスを組織していくことでなければならない。このような考えから、緑の党は五つの方針を提起する。

・文化の多様性を商業化に対抗する価値として位置づける。
・文化およびコミュニケーションに関する公共サービスを見直して強化し、地方分権化を推し進めることで、文化施設を誰もが使えるものにしていく。
・文化施設の地方分権化や独立採算制を推進する。
・文化遺産政策を、社会的・空間的・環境的現実の方向に誘導する。
・創造的精神を環境文化活動の中心として位置づける。

文化はEU建設の核心である

文化はローマ条約で取り上げられていなかったが、マーストリヒト条約では第一二八条（アムステルダム条約では第一五一条）に遠慮がちに組み込まれることになった。欧州共同体予算の約四五％近くが共通農業政策に使われているのに、文化振興政策への援助はその〇・一％以下にすぎないのである！

一九八七年（EU委員会の文化活動振興計画が立てられた年）から文化振興政策がEU予算の隙間に滑り

込むようになり、文化政策のための少額の補助金が、ＥＵの地域政策とか、教育や若者、国境を越えた地域間協力、ＥＵ外部との協力関係のためのプログラムといった、直接には文化を対象としない予算項目の中に紛れ込んでいる。

また、オーディオビジュアル部門を支援するマスメディア振興政策が、すでにＥＵ委員会の「文化・教育」総局の統制を離れて実行されているが、このことからも分かるように、ほとんどの文化活動、つまり、おそらく大多数の欧州人の考え方を左右する文化活動は、今や収益性や市場への関心によって支配されているのである。

採決されるのに二年以上の交渉を要した文化二〇〇〇計画の予算は、ＥＵ全体を対象にしている割には少なすぎる（五年で一億六五〇〇万ユーロ）が、それは欧州閣僚理事会が文化政策を実施することに躊躇しているからである。われわれは、文化に割り当てられるＥＵ予算を大幅に引き上げること、ならびに、文化・教育総局によってオーディオビジュアル支援計画が管理されることを要請する。

質の高い芸術的で文化的な取組を促すようなＥＵの枠組みを構築しなければならない。本の定価に関する法律、著作権の保護、芸術家の地位の尊重、国境のないテレビ放映、オーディオビジュアルの欧州割当制度といった、その効果がすでに証明されている規制は維持していくべきである。

オーディオビジュアル作品の危機

とりわけオーディオビジュアル作品が危機に陥っている。逃げ腰の放映態度のために、オーディオビジュアル作品には不成功が伴うという、理屈に合わない印象がつくり出されている。現に、フィクションの制作数は隣国のイギリスやドイツを大きく下回っている（一年の制作数はドイツで二〇〇〇時間、イギリスで一三〇〇時間であるのに、フランスでは六〇〇時間である）。また、視聴料の不足や、広告収入に伴う事実上の制作圧力が資金調達の仕方を歪めているが、このような財政状況は、作家やシナリオライター、演出家、プロデューサー、出演俳優、技術担当者等の労働条件を過酷なものにするばかりか、フランスのオーディオビジュアル制作企業の資金的健全性を著しく損ねてしまう。さらに、創作家やプロデューサーや番組編成者は放送局や広告主の指図で動いているので、オーディオビジュアル系の公共サービスの製作意欲が抑えつけられている。

しかし、改善の機会がほとんど失われてしまった。独立配給部門に対する真の支援はないし、公的オーディオビジュアルの継続的な改善も十分に行なわれていない。また、オーディオビジュアルの地方分権化は進んでいないし、ケーブルテレビも失敗に終わった。そのうえ、地上デジタル放送は躊躇されているし、公的オーディオビジュアルへの出資も進んでいないという有様である。

二〇〇二年から二〇〇七年までの次の国民議会期間の間に、緑の党は公共オーディオビジュアル法を提案することにしている。

この法案は、独占状態にある巨大メディア集団に対抗できる国際的な制作企業が出現するよう、活動的な番組制作部門や配給に拘束されない制作部門の発展をめざすと共に、公共チャンネルでの広告を禁止し公共サービスの資金調達を改善し、視聴料を「文化と市民権」のための税によって置き換え、この市民文化税の効果的な利用によって公共オーディオビジュアルの独立性を守ることを提案するものである。

文化の公共サービスを地方分権化する

決定された文化政策を実現しやすくするには、もっと適切な管理の枠組みを設け、国家の責任と地方自治体の責任を明確に分けることによって、文化の地方分権化を推し進める必要がある。緑の党は、こういった方向を進めていくために、公共文化協力機関に関する法案を提出した。公共文化協力機関が創設されれば、地域密着型の真の文化的・芸術的政策を推し進めていくための諸条件がつくり出され、地域の連帯と絆が強くなっていくだろう。

ローカルテレビによる地上デジタル放送

このような地域密着型の文化政策が政府の専制行為になってしまわないようにするには、ローカルな機関が契約によって独立性を有することが重要であるが、それは地方公共サービスのあり方をどのように定義するかという問題につながる。

ところで、真の地方分権化を進める上で不足しているのは技術的な手段ではない。政治的意志が足りないのである。例えば、地上デジタル放送をローカルテレビ局に移すようわれわれが提案しているにもかかわらず、フランスはいまだにオーディオビジュアルを地方分権化する政策を持たないヨーロッパで唯一の大国にとどまっている。

緑の党は、一九八〇年代の自由放送結成時のように、放送メディア高等評議会（ＣＳＡ）が支援金や資金の一部を自由テレビ放送に割り当てることを要請する。そして、地域圏や県の文化サービスが発展していくことを願っている。

文化遺産政策

この政策を進めていかねばならないのは、文化遺産が生活の質に大きな影響を与えているからである。文化遺産は生活の外にあるわけではない。それはすべての人にとっての財産であり、地域にチャンスをもたらすばかりでなく、自民族中心的で人種差別的な文化の間違いを正してくれるのである。文化遺産の管理の地方分権化は、地域の整備や有効利用の計画をめぐる公的議論の枠組みの中で進められることが必要である。

創作者の役割

創作者や演奏家の知的財産を保護する法の整備が行なわれつつあるとはいえ、彼らの資格や身分が保障されていないことは民主主義と社会にとって深刻な問題である。多数のアーティストが社会編入最低所得（ＲＭＩ）受給者として不安定な生活を送っている現実は、そのことを端的に物語っている。彼らには、所得を保証される権利がある。

連帯と自由を基盤とする市民のインターネットのために

ニューエコノミー〔ＩＴ革命による不況なき経済成長〕の劇的な挫折や、かつての「奇跡的」企業が相次いで破産するのに立ち合ってきたわれわれは、今や、情報やコミュニケーション技術の新しい用い方や、できるだけ多くの人がそれらを人類共通の利益や一般的利益のために利用できるようになることについて考えなければならない。それなのに、「インターネット経済」の幻想はいまだになくなっていない。いまだに政府や企業は、知識や経験を徹底的に商品化することや、インターネットを市民の監視や管理の道具に使うことをもくろむ技術的・立法的措置を通して、インターネット経済への支配を築こうとしているが、そういった措置が社会的・経済的・文化的観点から見れば自滅的であることは遠からず明らかになるだろう。知識と経験を市場や競争の論理の中に閉じ込めようとすれば、蓄積や分配や交換の論理の中に内包されている知識の本質さえ否定することになるのである。

新しいテクノロジーの潜在的内容としての、オルタナティブな実践や革新的経験の一部から分かるように、インターネットは、あらゆる人がアクセスできるという条件においてこそ、本当の意味のメディアになる。ネットワークにはただちに除去しなければならないような歪みが潜んでいる恐れもあるが、人々はインターネットによって結びつき、自分達の望みや経験、知性、現在および将来のビジョンを分かち合うことができる。新しいテクノロジーは、とりわけ解放と参加という民主主義の理念を世界レベルで推し進めていく道具になりうるのである。

文化に関して、われわれは以下のように提案する。

- 文化的な公共サービスを地域密着型民主主義の道具として強化していく。
- 公共文化協力機関の自律原則を地方公共サービス憲章に組み込むことによって、文化の地方分権化や、地域の文化的領域や連帯空間を発展させていく。
- 演劇や映画の自主制作や上演、オルタナティブな創造形態を支援していく。

・著者や演奏家の所得を守ることによって、彼らの権利を保護する。
・文化遺産に関する政策を転換させていくための大がかりな活動を開始する。
・幼児の頃から倫理的教育を始めることを支持する。
・学校でのアーティストと教育者との協働を支援する。

最後に、コミュニケーションやオーディオビジュアル、インターネットに関して、われわれは次のような提案を行なう。

・国営放送であるフランスⅡの民営化を企てる人々に反対し、公共オーディオビジュアルを守っていく。そのために、フランスの創造力を世界的なレベルに高め、財政手段を改善し（公共サービスでの広告の廃止）、メディアに資本が集中しないように基準を設ける、といった公共オーディオビジュアルや文化の創造に関わる改革法案に取り組む。
・フランスおよび欧州の映画政策を財政的に支援する。
・非営利団体《アソシエーション》によるメディアの第三セクターを創出し、ローカルテレビを地上デジタルテレビ放送の枠組みの中で発展させる。
・できるだけ多くの人に情報技術やコミュニケーション技術へのアクセスを保証することで、政府の治安対策による攻撃から個人の自由を守っていく。世界情報社会サミット[7]で、この問題に関する市民会議を組織する。
・知識や経験に関して、考案者の権利と公衆の権利の平等原則を打ち立てる。

V　治安確保の誘惑に抗して

フランスに不穏な風が吹いている。治安をめぐる議論が思考を支配している。二〇〇一年九月一一日のテロ事件をきっかけに、自由を制限するという受け入れがたいことが密かに通ってしまった。だが、犯罪と闘うには不断の取組が必要なのであるから、レッテル張りによる攻撃や人種差別主義といった、権力の濫用につながるものをわれわれは拒絶する。

フランスの社会は岐路に立っている。数年前から広がっている、治安をめぐる左派ならびに右派の議論は、公共秩序のために闘う手段や保安の権利についての議論を覆い隠してしまう。監視社会を実施しても、市民としての常識に反する行為や暴力の問題が解決されることはないだろう。警察官はもうすでに教員の一〇倍もいるが、問題は解決されるどころか、どんどん大きくなっている。というのも、治安の悪さは、恐怖を過大視する人々やメディアが信じさせたいと願っているように、単に犯罪や非行の問題に還元されるわけではないからである。

治安の悪さはまず社会問題である。経済的に困難な状況にある地区では、若者の失業率がしばしば五〇％近くに達しており、雇用上のハンディをいくつも併せ持つ（評判の悪さ、資格のなさ）。社会的に排除されている地区では、雇用の回復はほとんど見られない。肉体労働の賃金は著しく低くなっているし、失業に慣れてしまった若者もいる。また、闇経済やあらゆる種類の不正取引で生計を立てようとする若者もいる。それゆえ、暴力防止の奇跡的解決策などありえないのである。

治安の危機

治安の危機が存在するというのであれば、正当とされる要求の言いなりになる前に、その危機が分析されなければならない。警察官はアイデンティティの深刻な危機を感じているが、これは、一九九七年から進められている近隣警察〔伝統的な治安維持警察とは違い、犯罪による侵害から市民を保護することに重点を置く警察〕の設置とその機能不全の直接的な結果である。この改革は、近隣地域や住民や管轄区域と警察官との接触を回復することを主要な目的としていたが、大げさな政策が公表されただけで、構造変革に必要な措置は何もとられなかった。職業上の武器を携帯していない警察官は不安を感じており、また、地域の状況が分からず精神的に参っている。警察官は、住民の無関心や恨みや、さらには敵意や攻撃にも曝されて、地域を怖がるようになってきている。そのため、地域の緊張が激化してくるにつれて、警察官は過剰防備や徹底的な抑圧介入を要求するようになったのである。警察はこういったことでアイデンティティの危機を経験しているが、そこから偏執的な考え方が生み出されることになる。警察官は建設労働者のような瀕死の労働災害に曝されているわけではないのに、自分達を暴動の攻撃目標であり、軽犯罪者や「都市の若者」、裁判官、政治指導者などの犠牲者であると思っているのである。

警察官は自分達の状況にある程度まで責任を負っているが、実際のところ警察は、ずっと以前から労働組合と政府によって共同管理されているのである。特に、一九八〇年代初頭からは、左派政権の下で、労働時間の大幅短縮（週二八時間三日制、五〇歳完全退職）や、警察官が近隣で危険に曝されることを防ぐ「穏健政策」が実施されてきている。

安全に関する公共政策の危機

今や治安の悪さが実感されているが、これは深刻な問題であって、緑の党が支持している連帯や民主主義の価値への脅威となっている。このような不安は、民主主義と不平等が併存する社会の中でどのように共に生きていくのか、という民主主義の根本的な問題を提起する。周知のように、この問題に対するもっとも単純な対応は、他者の恐怖をかき立てることによって排除や差別や暴力をさらに大きくするような一面的なやり方である。庶民地区の若者、特に移民の子孫を「抑制」の対象とすべき脅威と考えるべきだ、と言うのであれば、もはやわれわれは、共和主義が治安対策によって破壊されることに断固として反対する以外ない。

安全に関する公共政策が目標にしているのは、多数の若者が非行や自己破壊的で自滅的な暴力の中に閉じこもらないようにすることであり、そのために数多くの積極的な選択と責任の場を与えることである。換言すれば、ある選択を抑制するなら、同時に別の選択の道を開かねばならないのであり、そうしなければ、彼らを激しい怒りや暴力、恐怖の中に閉じこめることになってしまうのである。また、非行防止のために活動する非営利団体《アソシエーション》への援助や「学校外教育」を再評価しなければならない（そのためにはおそらく、特殊教育〔非行少年などを対象とする教育〕の管理を、運営評議会ではなく、市町村や地域圏に任せなければならないだろう）。また、若者を悪循環から抜け出させるためにあらゆることを行ない、非行に走った若者の積極的自立を支援する手段を刑務所に設置する。そのために、一九四五年のオルドナンス〔オルドナンスは行政命令のうち国会から授権されておこなうもの〕の措置が維持されなければならない。

個人的責任はいかなる場合でも集団的責任と切り離すことができない。一部の人々が不平等や差別、排除、軽蔑の重圧をより多く受けているとすれば、それは集団的な責任である。社会的な絆や連帯を生み出すと思われている機関や施設が、不適切に運営されているために正反対のものを生み出している、ということが少なからずある。設備が不足し不熱心な教師を抱えている教育機関、社会住宅〔日本の低家賃公団住宅にあたる〕の官僚主義的な運営やサービス、理解しがたい警察の行動、不適切な市町村政策などがそれである。

われわれは不平等でしばしば不公正な世界で共に生きていかねばならないのであるから、官僚主義的な措置を実施するよりも、「状況についての共通理解」を生み出すために、治安の悪い地域環境の問題や原因に関する議論に誰もが参加できるようにしていくべきである。この意味で、地域の安全を確保する措置を維持していかなければならないが、そういった措置を地方の生活や地方民主主義にできるだけ取り込んでいくことが重要である。

職務改革が検討されている警察について言えば、あらゆる他の公共サービスと同じように「公衆に寄与」すべきことを警察官に教えながら、地域警察改革を成し遂げる必要があるが、そのためには、人員や資金の補充とか、労働条件の改善における「移行」措置を伴う、構造改革が実施されなければならないだろう。

警察の予防的任務と抑圧的任務とを区別して、近隣警察の育成と訓練に取り組んでいくことを、われわれは主張する。また、警察が地域で受け入れられるには、警察の活動を住民に定期的に報告することが必要だろう。

安全に関して、緑の党は以下のような政策を提案する。

・防犯
―緊急防犯計画（社会復帰訓練士を一万人雇用し、給与や身分を改善する）を提案する。未成年者に対する一九四五年オルドナンスの見直しに反対する。児童裁判所に二つの部局――虐待児童を保護するための部局と未成年者による犯罪を懲戒するための部局――を創設する。

・調停
―住民、警察、地方当局の間の対話を促進する仲裁・予防評議会を各地区に増設する。地方の仲裁者は、不一致を調整し、権力の濫用を批判し、住民、地方当局、警察機関の間に橋渡しをする役割を担わねばならない。

・補償
―被害者への補償・援助計画の推進。補償要請に応える被害者支援窓口を、犯罪の多い地区すべてに設置する。

―裁判援助の上限を廃止する。

―裁判援助を改善し、充実させる。

―裁判の報酬や費用に対する付加価値税を五・五％に引き下げる。

―弁護士を協定に登録させる。

―法へのアクセスを高めるために裁判所を増やす。
・有効な民主主義的政策によって市民を保護する。
―警察と憲兵隊を一つにして、公共安全局を創出する。

―経済的困難を抱える地区で近隣警察が発展するように、警察官の配備のあり方を見直す。近隣警察のための資金を増やし、犯罪多発地域の集中的警戒を妨げる管轄区域政策を廃止する。また、警察官のキャリアの評価と昇進において、予防的任務の評価を高めていく。

―パリ警視庁情報部を、透明性ならびに政治的監視廃止という方向で再編成する。

―「日常生活の安全」法を撤廃する。

Ⅵ　出費ゼロの、あらゆる人に開かれた裁判

司法の危機は社会の危機を反映している。裁判は他の公共サービスで解決できなくなったときに頼りにされる、最後の公共サービスである。社会的絆の亀裂はフランスが訴訟社会になったという事実に端的に示されているが、そのような社会では大量の裁判が繰り広げられる。

裁判予算を倍増させる

「危険な階層」（若者、外国人、貧しい人）の裁判は迅速に進められるのに、ホワイトカラーの犯罪に関わる裁判はきわめてゆっくり行なわれ、しばしば凍結状態に陥っているほどである。これは不公正というものである。裁判の公正を回復させるには、それを担当する司法機関に財源があることが必要である。われわれは、裁判の予算を五年以内に倍増させることを提案する。また、裁判をより有効なものにしていくには、事件を迅速に処理できるようにする調査手段を確保することが不可欠である。司法警察は、内務省ではなく司法省の権限下に置かれるべきだろう。

裁判へのアクセス

裁判への道があらゆる人に開かれているべきであり、そのためには訴訟費用の支援額を引き上げる必要がある。また、裁判にかかる謝礼や費用に課される付加価値税率を引き下げなければならない。というのも、裁判は贅沢《ぜいたく》な行為ではなく、社会生活に是非とも必要な解決手段であるからである。紛争の解決に司法的手段を用いることと他の解決手段に訴えることとを巧みに連関させて、裁判に訴えるのとは別の解決手段が発展できるように工夫すべきである。刑事事件の数を増加させないためには、企業委員会や衛生・安全委員会に裁判権を付与することも必要であろう。

刑務所や留置所

多数の議会報告が示しているように、刑務所や留置所の現状は文明国にふさわしくない。刑務所の再構築計画に取り組むには監獄法を改正することがただちに必要である。

スラム化した地区の犯罪をもっぱら抑圧的な政策によって防ぐことはできない。犯罪対策は予防と抑圧と連帯という三つの側面から行なわれるべきであって、これら要素のどれが欠けてもいけないのである。見通しのない抑圧は袋小路に入ってしまう。また、不起訴を認めない議論は危険だし、非現実的である。なぜ危険かと言えば、現実には社会的危機が大きくなるばかりで、投獄される人の数も刑期も増し、刑罰そのものがますます長期化し重くなっているのに、そのような議論は、抑圧が社会の危機の解決策であると思わせるからである。また、それがなぜ非現実的かと言えば、裁判がこなせるのは年に四〇万件以下であるのに、簡易裁判所に持ち込まれる交通違反が毎年五〇〇万件も起こっているからである。不起訴ゼロを支持する者は、裁判に関わる予算を一二倍にも増やす用意があるというのだろうか？

訳者注

〔1〕安全衛生労働条件委員会（ＣＨＳＣＴ）
労使の代表、産業医、労働監督者から構成される公開の委員会で、業務の危険を分析し、危険防止措置を提案することを任務とする。

〔2〕業務危険防止上級審議会（ＣＳＰＲＰ）
労働担当省の諮問機関で、政府機関、労働者、雇用主の各々の代表より構成されている。上級審議会は、業務危険防止に関する諸規則について諮問すると共に、職場におけるあらゆる予防手段を提案する。

〔3〕保健安全委員会

一九九六年七月に制定された保健安全法により、二つのリスク評価機関（保健関連製品を扱う機関と食品関連機関）と健康監視研究所が新設され、これら全体を保健安全委員会がコントロールすることになった。

〔4〕ジェネリック薬

ジェネリック薬とは、特許により保護されている医薬品（先発医薬品）の特許経過後に承認され、先発医薬品と有効成分や効果が同等である医薬品を指す。

〔5〕一九八九年の教育基本法

一九八九年の教育基本法は通称ジョスパン法と呼ばれ、中央集権的な教育制度の地方・学校レベルへの分権化や父母の学校共同体への参加の促進といった改革理念を打ち出し、「二一世紀のフランスの学校づくり」の指針となるものである

〔6〕学校評議会

学校評議会は、校長、教員、地方自治体代表、保護者代表から構成されており、学校の教育活動に関する問題を、校長からの諮問を受けて審議・決定する

〔7〕世界情報社会サミット

情報通信技術の革新とその各国・各地域への影響を議論するために、二〇〇三年にジュネーブで開催された。

第四章

解放された平等な連帯社会

I　生き方を選択する

男女平等

一九九七年に複数多数派が政権に就いて以来、経済的・社会的な面で後退したのとは対照的に、法的・政治的な面では進展が見られる。だが、進歩すべきことがあらゆる領域できちんと実現されていくには、男女平等を推進する省を設置することが不可欠である、と緑の党は考えている。

緑の党は男女同数法《パリテ》のための闘いを展開しているが、その影響は大きく、すでに政治的代表に関する考え方が変わってきている。この闘いはさらに続けられるだろう。名簿投票が制度化されているところでは、二人あるいは一人毎に男女を交互に名簿登録させ、また、県議会選挙で実施されている名簿投票を国会議員選挙の一部や、住民が二〇〇〇人から三五〇〇人の市町村〔フランスの最小行政区〕にも広げていくなら、男女比の平等はいっそう進んで、すべての行政機関に課されていくことになるだろう。そして、経済社会審議会や地域経済・社会委員会も男女平等の方向に向かわざるをえなくなるだろう。

職業上の平等をめざす闘いは、まだ達成されていない。女性は特に、失業や不安定雇用、強制されたパート労働、低賃金労働、託児所不足、公共交通の不備といった困難に直面している。大半が女性によって占められている仕事を認定して評価し直し、資格と報酬を伴う雇用（例えばホームヘルパー）を創出することが重要である。強制的なパート労働や夜間労働は、社会的にそうせざるをえない職業にのみ認められるべきであり、規制や賃金補償がなされなければならない。若い女性が特に科学技術分野や、これまで主に男性によって占められてきた職業に進んでいくことができるようにするための努力が、教育や職業訓練の準備と並んで必要である。

職場の性的嫌がらせに対する配慮は進んだが、男性優位の態度や広告によって女性が被るセクシュアル・ハラスメントやドメスティック・バイオレンスを有効に防止するための教育・情報措置は依然としてとられていない。反人種差別法をモデルに考案された性差別防止法が不可欠である。

滞在許可証のない移民女性は、まったくひどい状態に置かれている。彼女達はしばしば時代遅れの自国の法律に従っているし、しかも、フランスで通用する権利をもっていないのであるから、社会生活に必要な条件を「滞在許可証のない移民」に与える必要がある。

いわゆる家族政策は、多くの場合、出生率の上昇や女性雇用の抑制、家族手当の増額といった相反するねらいが重なり合う一連の措置から構成されていたが、今や緊急に、女性の自立と連帯という二つの原理に基づいて家族政策をつくり直す必要がある。結婚が税制上の優遇を受けるための手段であってはならず、税逃れ防止のためにも税制を見直さなければならない。分離課税は女性の市民的自立と公正にとっての重要な要素なのである。

さらに、子供一人当たりの税控除や保育手当を設けて家族指数〔課税額を決めるに当たってその家族の状況を示す指数〕制度を見直したり、どの階層の子供にも保育手当をもらう権利があるようにしたり、母子家庭あるいは父子家庭の手当を増額したりすることが必要である。

幼児・児童の受け入れ体制は十分ではない。緑の党は、すべての受け入れ制度を統合して、幼児保育のための真の公的機関を設立することを提案する。保育士が十分な職業訓練を受けて、これまで以上に安定した身分や月給を得られるようにすべきである。国家は、保育の問題を個人で解決する受け入れ方式にお金を注いでいるが、緑の党は、両親に本当の選択の自由を与えるように、個人で解決するよりも集団で解決することを優先したいと考えている。

・幼児・児童保育のための構造改革を実施していく。
・父親も母親も利用できる六カ月の育児休暇を設ける。
・離婚する場合、家族手当や住居手当を両親の間で分けられるようにする。

自分の身体を自分のものとして妊娠をコントロールする女性の権利は、男女関係におけるめざましい革命であった。長く苦しい闘いの中で獲得されたこの権利は、まだ確固としたものになっていない。ヴェイユ法〔一九七五年に施行された、フランスで初めて妊娠中絶を合法化した法律〕の改訂は勝利であるが、それはいまだに適用されていない。さらに、胎児にいかなる資格を与えるかという問題や出生前診断をめぐる法廷闘争は、女性の自由の問題を曇らせてしまう恐れがある。そのような中で以下のことが行なわれていくよう提案する。

・避妊に関する定期的キャンペーン。
・性教育の改善。
・避妊費用の払い戻しの増額。
・医師に払う妊娠中絶料の見直し。

・妊娠中絶センターの維持および拡大。
・婦人科医によって行なわれる婦人科的な予防措置。

同性愛の人にも異性愛の人にも同じ権利を

一九九九年の国民議会で採択された市民連帯契約（ＰＡＣＳ《パックス》）〔従来、夫婦間にしか認められていなかった相続や財産分与などの権利を、同性・異性カップルなど共同生活者の間でも広く認める法律〕は、社会的進歩に大きく寄与したが、さらに、そこに潜む差別的性格をすべて取り除いてＰＡＣＳを十分に効果あるものに整備していく必要がある。とりわけ、パートナーが共通課税制度の恩恵に浴することができるように、税制面における三年間の待機期間を取り消さねばならない。

また、ＰＡＣＳに署名していない外国人カップルにも、滞在権を現行の三年間ではなく、共同生活が終わるまでずっと適用すべきだろうし、希望するなら市役所でＰＡＣＳに署名できるようにすべきだろう。

養子を迎えること、ならびに同性カップルの親権について、緑の党は、養子縁組の条件を、社会の進歩やＥＵ加盟国のパートナー法[1]の方向で改善していくよう望んでおり、以下のために努力したいと思う。

・同性カップルであることを理由にして、養子の受け入れや養子縁組の認可を拒否しない。
・子供にとって有利な養育条件や受け入れ条件を提示している、ＰＡＣＳに署名済みの同性カップルに、養子を迎えることを認める。

・法律上の両親が同意しており、かつ子供の利益に適っている場合、社会的親による普通養子〔養子縁組には、実親との関係を断ち切る完全養子と、実親との関係を残しておく普通養子の二つがある〕の縁組が認められるように、民法の普通養子に関する条項を整備する。

今日、同性愛に対する考え方は大いに進んだとはいえ、容認できない非難・中傷や攻撃がいまだにたくさん存在している。だからこそ緑の党は、ホモセクシュアルやレズビアンに対する拒絶行為を罪として取り締まる法律の提案に賛成する。

性転換手術をした人々の十分な社会的認知に向けて

スウェーデンやイタリア、オランダ、ドイツには、性同一性障害のために性転換手術をした人々の願望に沿った法律がある。それにひきかえ、法制度が整備されていないフランスは大幅な遅れをとっており、性転換手術をした人々はイバラの道を歩まざるをえない。彼らの闘いを支持する緑の党は、誰もが真に自由な生き方を選択する手段を持つことができるように、以下のことを提案する。

・性転換手術をした人々への連帯を表明する。
・個人の開花にとって無視できない状況であれば、戸籍上の性とは異なる性に転換する権利を承認する。
・彼らの協同活動を支援する。
・性転換手術をした人々が社会に組み込まれていくには、医学的に見ても行政的に見ても、性転換手術を容易にする開かれた規則や法律の枠組みがとられることが望ましい。

II　高齢者と世代間活動

現状の確認

われわれは生活する中でゆっくり次第に年をとっていくのであり、絶えず少しずつ老齢化している。それゆえ、老人とか老齢化といった用語は死語であり、不適切であるように思われる。そういった用語は、「健康であることや社会活動」の意味をあまりにも単純化しているようである。問題はまさに、高齢者に対して社会が向けるまなざし、さらに言えば認識のうちにあるのだ。

われわれの社会は高齢化しているが、それはまたチャンスでもある。動きが緩慢になって身体が弱ってはくるが、人は年を重ねるほどに、とらわれない精神的柔軟さを持てるようになる。一般に年をとればとるだけ、社会の支配的価値観から距離を置けるようになるし、どのような自然環境を子供達に残していくのかといったエコロジー的な価値観も備わってくる。

今日のフランスでは、社会保障制度が改善されたおかげで以前よりも健康で長生きすることができ、購買力も相対的に維持されるようになったために、退職者の社会的環境は根本的に変化した。退職者がこのように恵まれた状況にあると、年金収支や現役と退職者との人口比率といった、これまでの世代が直面したことのなかった問題が提起されることになる。だが、新しい制度の芽は、こういった前代未聞の状況から生まれる社会現象の中に存在している。というのも、同一の市民権を行使する四世代が共存しているために、真の世代間連帯を構成する新たな社会的絆の形成が求められているからである。家庭での世代間の連帯は、ある世代と他の世代、若者と高齢者との財政的支え合いによって行なわれるが、今日では次第に、困窮して将来が不確かなことの多い若者への年長者からの支援という形になってきている。

市民活動からの引退はありえない！

家庭内での連帯はしばしば必要に迫られて行なわれているとしても、数多くのイニシアティブが示しているように、退職者達の態度が変化しつつある。退職者達は次第に、とりわけ若者や不安定な状況にある人々と同じ市民として連帯することを表明するようになってきている。こういった新たな動きを広げ支えていくことや、高齢者の企画を尊重しつつ、彼らのためというより彼らと共に行動しながら、高齢者が社会の中で果たしうる役割を明確にしていくことが重要である。

尊厳、独立、自立

ハンディキャップは年齢にかかわらず存在するが、それは年を重ねるほど大きくなりうるし、加齢や死の恐怖はわれわれをますます大きな不安に陥れるようになる。そういった中で深まっていく孤独感や孤立を断ち切るためには、自分の周囲との社会的絆を大切にしながら、生涯を通じて連帯や市民であることの責任を果たしていくことが必要である。

このような観点から見れば、現在進められている自宅介護はもはや、それだけですべてを解決するものではない。それは、本人やその家族、専門家や協力者の期待を取り入れた、より適切な制度に至る入り口にすぎないのである。また老人ホームは、高齢者が生活する場であると共に、われわれも入っていくことのできる、あらゆる世代に開かれた文明や文化の場になっていくべきだろう。いずれにせよ、個人介護を受けながら自宅に留まるのか、それとも、ハンディをカバーしてくれる、地域や街に開かれた集合施設（老人ホーム、滞在施設）で生活するのか、各自が選択できるようにしていく必要がある。

時間の分かち合いや選択の革新者としての退職者

先に述べたように、新しいタイプの退職者は、労働で収入を得る必要性から解放されて思いのままに活動する状況を体験しているが、このことは、大半の構成員が自由に選択された時間の中で生きることのできる社会を予示している。職業活動から解放された退職者は、自分の個性を余暇活動の中で開花させようとするが、いわゆる「社会的に有用な」活動、特に、長期失業者が地域社会や居住から排除されるのを防ぐ運動に熱心に取り組み、自らの経験の蓄積をすべてつぎ込もうとする人も多い。あらゆる世代にとって将来のモデルとなるこれらの経験は、社会によって支えられ推し進められるべきものである。

こういったイニシアティブや経験を支えていくには、数々の解決策が必要である。とりわけ、退職時に襲われがちな心理的外傷を生じさせることなく、企業との絆（若者に入社を勧めたり、企業についての記憶や思い出を伝えたりすること）を保ちながら高齢者の早期退職を進める（例えば税を優遇することによって）とか、退職者や高齢失業者によるボランティア活動を推進していく（有給の仕事を見い出せない間は、商工業雇用協会（ＡＳＳＥＤＩＣ）の補償を受けやすくする、等々）とかの努力がなされるべきである。また、退職する数年前に、今後迎える自由時間のこういった新しい生活を誰もが準備できるように、職業訓練基金の使用が一般化されなければならないだろう。

われわれの民主主義は、あらゆる才能やエネルギーを必要としている。ここ数年来、退職者は、その生きがいがもはや給与をもらう労働だけと結びついているのではないような、新たな社会のパイオニアや先駆者として現われている。それゆえ退職者は、無職で社会的に「無用」とされがちな「部分的」な階層から、文化の担い手およびクリエーターとしての、社会的絆にとって不可欠な要素である完全な市民、という真の位置に移っていくだろう。ここで、われわれは以下のように提案したい。

・各市町村に、地区委員会と連携した賢人委員会を設立する。
・老人をチューターとする文化会館を設立し、公的施設を開設する。
・人々の要望や選択に追いつくように、公的施設を開設する。
・公的施設を、あらゆる住民の市民的役割を尊重する、近隣や学校に開かれたものとし、自律的に管理されるようにする。そういった施設の機能および生活プロジェクトに関する憲章をつくる。
・老人ホームや滞在施設の中に幼児のための託児所や保育所を設ける。
・家族の介護負担を一時的に和らげると共に公的施設への入所を深刻に考えないようにさせる、ショート・ステイの様式を整える。
・公的施設内のレストランを小学生に開放する。
・高齢者向けの特別窓口を設置したり、行政措置や公共交通やバリアフリー住宅などを整えたりして、街や近隣サービスを改善する。
・施設を地区の住民に開かれたものにして、商業やサービスがその中で生み出されやすいようにする。また、芸術や文化のイニシアティブを導いたり支援したりする。つまり、孤立した高齢者や施設を地区の生活の中心に据えて、いわゆる「老人ゲットー」化を防ぐ。

高齢者自立手当（ＡＰＡ）[2]は確かに進歩であるが、この手当に関する法律ならびに職権政令はきわめて早期に実施されたものであるから、評価の定期的見直しが必要だろう。とりわけ重要なのは、施設に入るのか自宅介護を受けるのかを真の意味で選択できることである。また、きわめて優雅に退職後生活を送っている人々にＡＰＡの権利を与えることが公平と言えるのか、検証すべきだろう。[3]また、高齢者の収入の下限を法定最低賃金に合わせるようにする。

Ⅲ　若者の自立に向けて

この半世紀、青年期は単なる変動期や過渡期というより、「人生の特殊な時代」、つまり「自分自身のために」生きるべき年代として現われるようになったが、それは文明史上初めてのことである。それ以来、青年期は、自立や社会参加に対する特別な願望の担い手になった。青年期もあらゆる社会や年代を特徴づける社会的多様性や地理的多様性から逃れられないのは確かであるが、青年期は、固有な社会化様式を有する独自的集団として自己を生きる傾向にある。そのような傾向はますます強くなってきているが、それは、学生である（あるいは学生身分で扶養されている）期間が長くなったことや経済危機、労働市場に入るのを遅らせようとする若者の選択、家族構成の変化、住宅不足といったことが、生活の不安定あるいは貧困化の状況となって現われているからである。他方で若者は、消費主義モデルの特別な「商業標的」となってきている。こういった状況を変えていくには、とてつもなく大きなコストが必要になる。

いずれにせよ、青年期は依然として、社会のあらゆる代表や決定権の大部分から排除されたままであり、次第に危険な、あるいはリスクのある新階級という烙印を押されるようになってきている。その結果、市民によるボランティアや連帯の形態が多様化しても、社会からの離脱や政治的排除といった深刻な現象が出現してしまうことになる。緑の党は、青年層の大部分が抱える不安（社会的不安、健康上の不安、経済的不安、情緒不安）や、自立からほど遠い彼らの依存状況を、根本的解決策が必要な全体問題として取り組むことを提案する。

高齢化社会を迎える国において、若者の自立は持続可能な発展のために優先すべき投資であり、文化や行動を転換させていくのに不可欠な要素であり、多様性や複数性にとって必要な源泉である。それゆえ、青年期に関する公共政策の改革は総合的になされるべきであって、断片的に理解されてはならない。援助（現在のところ、その大部分は家族への援助である）の増大や多様化も就業支援策を講じることも、必要であるとはいえ、それだけでは十分な対策にならないだろう。

現行のＲＭＩを一八歳から二五歳の若者に拡大適用する

現行の社会編入最低所得（ＲＭＩ）[4]を一八歳から二五歳の若者にまで拡大することは、緑の党が当初に提起した緊急提案であるが、もはやそれでは十分ではない。

社会保障機関の青年局

若者が通常の共通する権利を持てるように、緑の党は、多数の若者集団や共済運動によって担当される青年局を社会保障機関の中につくることを提案したい。この機関は、「病気」の分野に限定される問題だけに関わるのではない。住居や教育、家庭、社会的緊急性などの状況に即して手当を給付することによって、大部分の若者の生活レベルや生活の質を改善していくものでなければならない。

社会保障機関青年局の資金は、（現在、若者の教育と発達にわずかながら出資している）生産部門によって調達されると共に、現行予算の組み直しによって賄われる。代表者を選出する方式をとることで、社会保障機関青年局は、フランスの経営参加を刷新できる強力な手段になっていくだろう。また、若者の協同的で行動的な社会参加に方向性や支えを与えるものになっていくだろう。

Ⅳ　スポーツにおける明確な規則

ここ二〇年、スポーツの分野は、アメリカ型モデルの影響を大きく受けてめざましく変わった。

アマチュアスポーツ、余暇のスポーツ

伝統的なスポーツ連盟によって組織された、社会化や教育上の役割がこれまで大きかったアマチュア競技スポーツと並んで、余暇のスポーツや消費型スポーツが、自由時間の増大に伴って出現するようになった。

余暇スポーツには共生ということや個人的発達の面で積極的意味があるが、しかし、勝手気ままな練習方法や不明確なルールといった欠陥がしばしば見られる。

プロスポーツ

市場が大きくなり、「プロスポーツ」そのものが、興行と利潤を目的とするプロモーターによって仕切られるスポーツ・ビジネスに転換してしまった。

アマチュアスポーツ、余暇スポーツ、プロスポーツというこれら三つの分野は、これまで長年の間、相対的に均衡がとれており、緩やかにつながっていた。だが、現在はもはやそうではない。スポーツビジネスがそのロジックや基準、そして時にはゲームのルールさえ押しつけている！「スポーツ大陸」すべてがスポーツビジネスに支配されて、伝統的なスポーツ活動や小さなクラブは突然、完全に解体してしまったし、選手登録者数が停滞していて、アマチュアスポーツを育てる場は空っぽの状態にある。また、競争が厳しくなったために、職業的なスポーツクラブを運営するいくつかの営利企業自体が重大な経済的問題を抱えている。このような状況は、腐敗と薬物使用との悪循環を激化させていくことにな

る。

必要がある度にスポーツの分野に介入して対応し、明確な規則を徐々に設けていくことは、公的権力の任務である。緑の党は、次のように提案する。

・地方自治体、スポーツ選手、観客という三者の同数代表者から成る委員会の外部評価によって、また二年間の任期制を設けることによって、スポーツ連盟に対する統制を再編する。同時期の任務の兼任を限定して、会計監査を強化する。

・スポーツ団体への公的補助金を総売上高の五％以下に制限する。また、もっとも貧しい連盟に資金を回していくように、利益に対する課税比重を高くする。広告資金の流れも、同じような方向で監視していかねばならない。

・スポーツ活動の位置づけを時間と空間の中で再検討する。施設や設備を効果的に利用し、スポーツ活動を学校教育改革の中に位置づけるようにする。

・報酬（最低額と最高額）や養成、契約、トレードなどの条件を明確にした、ハイレベルのプロスポーツ選手に関する団体協定を設ける。選手登録されている高いレベルのアマチュア選手の身分は、この措置によって補完される。

・地域圏や市町村レベルの小さなスポーツクラブに援助金を分散化する。また、自治体のスポーツ局やそのスタッフの条件を同一化し、さらに、地方のスポーツクラブに協力するボランティア団体に関する規定（代表、保険、補償様式、技能の評価、事務所）を定める。

V　完全な権利を有する市民としての障害者

現状の確認

障害には、移動障害（車いすや歩行困難）から視聴覚障害、知的障害（理解、記憶、見当識障害）、戦争やテロの犠牲者、事故による一時的障害に至るまできわめて多くの形態があり、障害者数は人口の一二～一五％を占めると見積もられている（移動困難な人は人口の三五％にのぼっている！）。

こういった人々が自己実現して社会を豊かにすることができるように、特殊な整備を施していかなければならない。一九七五年の障害者基本法[5]やそれ以後出されたさまざまな政令（デクレ）や法律には、障害のある人々を社会に組み込もうというねらいがあるが、法律の適用は少なくともまだ十分とは言えない。障害者の生活資金は、ハンディを補完して環境に適応するのに要する金額からすれば、依然としてきわめてわずかである。障害をもつ人々を経済的・社会的・文化的・政治的生活に真に組み込んでいくことが、緑の党のめざすところである。

障害者は障害を持つ存在である前に、何よりもまず人間である。障害に対する取組は、現在行なわれているように断片的ではなく、総合的であるべきである。障害者はユーザー、市民、政治的力として意見を表明していかねばならないし、そのための支援が必要である。

法制化のプログラム

障害者法を制定することは望ましいし、行動することはさらに好ましいが、それは次のような方向で行なわれるべきである。

・公共交通へのアクセスを容易にする。あらゆるタイプの障害者が利用できる公共交通（路面電車、列車、都市バス、都市間バス）の拡大。特殊交通機関の料金を公共交通機関の料金に一本化する。

・空間や建物へのアクセスを改善させるための五カ年計画を地方自治体に義務づける。

・一八歳より、成人身障者手当（ＡＡＨ）を法定最低賃金（ＳＭＩＣ）と同額の障害者年金に転換させる。障害に伴う他の余分な出費のために住宅手当を給付するが、六五歳以上の高齢者もその対象とする。結婚した場合でも、この手当は継続される。

・公務において障害者雇用の割合が守られるようにする。従わない場合は罰金を科す。

・古い住宅を建て替える際には、アクセス改善法を厳格に適用する。新しい住宅は、アクセスが容易で、またさまざまなタイプの障害に適合できるような設計がなされなくてはならない。そうしなければ、援助（借金の保証、地代の超過負担に対する補助金）が受けられないようにする。

・教育を受ける権利を保証する。個人が通常クラスに統合されることをめざしながら、障害者学級計画の実施を強化していく。

・場合によっては、特殊教育サービスや在宅介護サービスの介入が望まれる。また、そのようなサービスを受けている障害者が学校に編入できるようにするために、補助教員を置くことを国家が支援する。点字や絵文字での授業を進めていく。

・透明性、ならびに障害者やその団体による管理を高めていく方向で、職業指導・社会復帰技術委員会や障害者雇用促進基金運営全国委員会を改善する。

・薬や労働条件や汚染の監視を強化することによって、障害の予防に努める。

・さまざまな省庁の権限が適切に連携できるように、閣外大臣を設ける。

Ⅵ 麻薬中毒——管理された合法化で密売と闘う

フランスでは、ドラッグの濫用が病気にかかるいちばんの原因である。われわれは、あらゆるドラッグの広告を禁ずることに賛成であり、また、責任ある信頼性の高い情報や、ドラッグの一般防止措置（学校、掲示、等々）ならびに特別防止措置（ドラッグ使用者やその危険が大きい人々への防止措置）の発展を支持する。

ドラッグを非合法化しても、その消費抑圧によってドラッグへの需要が低下しないばかりか、ドラッグ使用者の健康が悪化する——看護へのアクセスが減るし、ドラッグの中味がますます不確かなものになるために、健康に及ぼすマイナスがさらに拡大する——ことになる。また、ドラッグ使用に罰則を設ければ、マフィアの密売が増大して、一部の人々、特に若者が社会から排除されることになる。

一九七〇年法を改善する

誰もがドラッグを使っただけで投獄され調書までとられることがないように、ドラッグ使用者を軽犯罪者に仕立ててしまう一九七〇年法〔麻薬の個人的使用を取り締まる法律〕をただちに改正する必要がある。一〇万人にものぼるドラッグ関係者――その九五％がドラッグ使用、五％が密売に関わる――を不審尋問して、監獄や法廷をそこに入る必要のない人でいっぱいにする代わりに、警察は、一定の場所で密売が増加する――そのような所は、ドラッグの密売を通して、暴力や強盗が蔓延する空間になっていく――のを食い止めることに力を注ぐべきである。また警察は、大がかりな密売組織と闘っていかねばならない。

要するに何よりも重要なのは、ドラッグと結びついた暴力を減らし、使用者に治療へのアクセスを与えることである。それゆえ、そのための財源を獲得していかねばならない。また、すべてのドラッグの使用に罰を科すことをただちにやめよう。さらに、ドラッグ使用者や住民の危険を減らそうとする国家政策〔社会復帰訓練士、受け入れ施設、カウンセリング・ルーム、休憩所、麻薬を打ったり注射器を交換したりするホール、さらに治療センターまでをも含む一貫した政策〕を発展させていく必要がある。

公衆衛生の対応

メサドン〔非阿片性のドラッグ代替品〕やヘロインを特別センターで配給するプログラムや大麻ビストロの設置といった公衆衛生の対応は、密売の支配を減少させることにもつながっていく。幻覚症状をもたらす合法的薬物の使用がきわめて増加してきているが、これもドラッグと同じ枠組みで扱う必要があるだろう。

大麻の密売を断ち切るには、その使用や自家栽培に罰を科すことをやめ、大麻を合法化して、国家が流通や売買の状況を管理していかなければならないが、こういった管理された合法化は、市民会議のような討議によって具体的に規定されていくべきである。

Ⅶ 連帯制度の将来

賦課方式年金制度を守っていく

賦課方式年金制度が将来どうなっていくかは、今後、大問題になるはずである。すでに候補者は、賦課方式年金制度改革のために何をしようとしているのか言明するよう迫られているが、改革という言葉の裏には、もちろんこの制度を撤廃することが隠されている。緑の党は、賦課方式年金制度を悪化させるあらゆる試みと闘いながら、制度を堅持していく、とはっきり主張する。

年金問題は、労働力人口と非労働力人口との間でいかに国民収入を分かち合うかという問題である。年金生活者は現役就労者の拠出金によって賄われており、現在支払っている拠出金が二〇年後の自分達の退職時のために取っておかれることなどないのである。つまり、拠出金とは、両親世代と現在連帯しているが、将来は子供の世代から同じように連帯してほしい、という期待を表現するものである。現役就労者が退職者の生活レベルをもっと下げるように決めることもできるが、そのようにして得られる利益は長続きしない。彼らは、退職後に手にすることになっている、年長者がもらっていた以上の収入を、自分で先に使ってしまうかもしれないのである。

積立方式年金制度にして年金基金を創出したところで、問題は変わらないだろう。それは、現行制度に加える形で積立方式年金制度を設けても、強制的な賦課方式年金制度の拠出金を上げないのであれば次世代の退職者の状況は悪くなる、ということでもあるだろう。この間、現役世代は、不確かな利益のために――そこに甘い商売を見出す仲介業者は別として――積立方式年金制度への参加費を支払わねばならず、彼らの購買力は大幅にダウンすることになるだろう。その上、最近の、アメリカの何十億ドルにも上る年金基金を飲み込んだ後で破産してしまったエンロン社――エンロン社は、ブッシュ大統領の友人が経営するアメリカでもっとも大きい企業の一つだった――の例がある。この事件から、そういった危なっかしいモデルはアメリカに任せて自分達のモデルを守っていこう、というわれわれの確信がいっそう強くなっている。

ベビーブーム世代の大量退職による過渡的な影響や、平均寿命の伸びや少子化のために、半世紀後の労働力人口と非労働力人口との割合は確実に悪化していくだろう。それゆえ、解決策はきわめてシンプルなものである。

第一は子供の数を今以上に増やすという解決策であるが、市民には長い間この分野の自由がなかったのであるから、もはや彼らが注文に応じることなどないだろう。また、子供の数を増やしていくといっても、それは出生率が安定して上昇する場合にしか解決策にならないのであり、さもなければ、またもやたちまち「ベビーブーム」という新たな問題に出くわしてしまうだろう。

もう一つの、しばしば右派や経営者が援用する解決策は、退職年齢を遅らせることである。退職するのを一年遅らせると、確かに年金手当が節約される。しかし、退職開始年齢が六五歳になっても、二〇二〇年の労働力人口と非労働力人口との割合は今以上に悪化しているかもしれない。このような解決策は、人々の一般的な要求にまったく合致していない上、特に高齢者が失業状態にあるので、適用することができない。さらに、フランス企業運動〔フランス経団連〕の議論とは反対に、ベビーブーム世代の退職はますます早まっていくように思われる。というのも、企業は、古株の労働者を厄介払いするために「社会的」計画を利用するからである。

すでに、賦課方式年金制度に積立方式年金の層をつけ加えるやり方が言及されている。この解決策は、現に退職しているか、まもなく退職することになる年金世代の犠牲を伴う。なぜなら、現役の勤労者が積立方式年金制度を賄うための一般社会保障制度の拠出金は、もはや増えていくことがないだろうからだ。労働力人口の給与からの天引きも最終的には増えていかないだろう。そして、経済成長していくことよりも年金基金があることの方がいい、という議論が非常に問題視されるようになるだろう。こういったやり方は労働力人口を一時的に喜ばせるかもしれないが、非労働力人口にとっては好ましくないだろう。

最後に、現行の年金制度を何も変えないで必要に応じて社会保険料を上げる、という別の解決策がある。現在〇・五二である非労働力人口に対する労働力人口の割合は、二〇〇六年もしくは二〇一〇年あたりからようやく上昇し始め、二〇二〇年に〇・六四、二〇四〇年に〇・八四に達するだろうと思われるので、問題にはわれわれを危惧させ、現行の制度をただちに壊さねばならないと絶えず声高に叫ばせるような緊急性がない。現行制度を変えずに必要に応じて社会保険料を上げるというこの解決策をとるならば、社会保険料を三〇年間に七・五％上昇させなければならない。つまり、労働生産性が年に一・七五％伸びている間は社会保険料を年に〇・二五％ずつ上げていく必要があるわけで、われわれの純所得は三〇年間で六八％増加する代わりに五六％だけ増加することになるだろう。これは、悲惨な状況をもたらさない議論であり、短期と長期の間で考えられた、世代間の悲劇を生じさせない分配である。このような見通しはフランス企業運動や民間保険会社にとって旨味が多いものではないが、いずれにせよ、われわれの側からすれば、現行の賦課方式年金制度を問題にする理由は何もないのであり、何が起ころうとも、われわれはこの制度を擁護していくだろう。

　給与貯蓄に関して言えば、それができる限り団体の形態をとっていて労働組合代表の管理に従うことを、緑の党は望んでいる。

社会保障制度

　社会保障をめぐって、多くの思惑と駆け引きが展開されている。フランス企業運動《メデフ》は、労使同数の代表から成る社会保障の運営機関を見捨ててからというもの、社会保障制度を厄介払いしてしまおうと動き回っている。労使同数の代表制はうまくいかないから改善すべきだ、とわれわれは主張したが、改善が厄介払いすることを意味しているわけではない。

また、社会保障の民営化や国有化にも緑の党は反対である。そもそも、これら二つの選択肢は同じメダルの表と裏である。税金によって社会保障を賄うのであれば、議論の的が政府だけに絞られることになるが、政府は、自らが責任を負う公共財政の全体的均衡という枠組みの中で調停しなければならないだろう。国家は、社会保障をうまく運営していくことも、社会的パートナーの代わりを持続的に務めることもできない。国家は財政の危機に直面すると、社会保障の資金調達と運営を引き受けておきながら、民営化して責任を放棄してしまう恐れがある。

社会的行為主体には社会で果たすべき役割があって、労使交渉の領域では労働組合が大きな位置を占めているということや、社会保障運営機関には失業者団体を含むユーザーの代表を増やさなければならないということを、われわれは確信している。政府がすべての人に代わることなどできないし、民間企業に代わることもできない。緑の党は、国有化も民営化もされていない、まさに開かれた多元的な参加型社会を構想している。まさにこのような選択こそ、難題が山積する今後の議論の中でわれわれが推し進めていこうとしているものである。

訳者注

〔1〕EU加盟国のパートナー法

欧州では近年、同性カップルの権利を認めるパートナー法が、一九八九年のデンマークを筆頭に、ノルウェー、スウェーデン、オランダ、フランス、ドイツ、ベルギーなどで次々と成立している。これらのパートナー法は、養子を持つことができないなどの制約があり、「同性婚を制限付きで認めた法」である。一九九九年のフランスのPACSも、同性カップルに「相続・贈与税の控除を認め」、「三年経過後には税の共同申告ができる」権利を与えているが、養子については認めていない。しかし、オランダでは二〇〇〇年一二月に、同性婚にも男女の結婚の場合とまったく同じ権利を与える法律が成立し、オランダは、男女の結婚と同じ権利を持った同性婚を世界で最初に認めた国となった。

〔2〕高齢者自立手当(APA)

フランスでは、六〇歳以上で、医師の診断で自立的生活が不可能と判断された人々には、二〇〇一年施行のAPAが支給される。APA受給者は現在、約七〇万人である。

〔3〕ラファラン内閣は二〇〇三年に、APA受給者の所得上限を九四九ユーロから六二三ユーロに引き下げた

〔4〕社会編入最低所得(RMI)

一九八八年にロカール首相の下で制定されたRMIは、雇用や社会保険制度から排除されている二五歳以上の人に生存に必要な最低所得を給付する条件として、「受給者は資格取得や就職目的のための研修によって社会復帰に努力する」社会編入契約の締結を求める制度である。RMIの額は一九九八年一月現在二四二九フランで、最低賃金(五二四〇フラン)の約半分である。

〔5〕障害者基本法

障害に対する取組を伝統的な社会扶助から社会保障へという普遍的サービスの枠組みの中に移行させ、教育・職業訓練や最低所得保障、余暇・スポーツ活動へのアクセスなどによって障害者の社会的地位の改善をめざす包括的な障害者政策が示されている。

第五章

多元的経済、持続可能な発展、社会的平等

I　経済をエコロジー化する

真の持続可能な発展

エコロジー的な経済観は、資源や鉱床の管理様式をどのように改善していくか、ということからまず始まるのであって、もはや経営者団体・労組・政府との間の単なる交渉に集約されはしない。新しい様式は、資源が人類の共有財産であるという原理に基づいた、民衆の権利を尊重するものでなければならない。しかし、そのやり方は、現存するストックとフローを公正に取り扱うことに尽きるわけではなく、人間の活動全体が利用する資源を節約しようという実際の意志によっても表現される必要がある。

それはもはや、修復や補償の問題に還元されるものではない。汚染された水を浄化、すなわち修復しても、それは持続可能な発展を行なっていることにはならない。耐えられなくなった状況に対応しているだけのことである。真の持続可能な発展は、資源を不自然なやり方で、あるいは人為的に復元する活動をできるだけ少なくするものであるはずだ。産業システムに対する、これまで行なわれてきたような伝統的な異議申し立ては、当面の緊急事態に対応するものではあるが、それで十分だというわけではない。

今日、（農業を含む）生産過程の大部分は、「自然の外」、つまり「自然の生命化学的な循環の外」で行なわれている。工業化が始まって以来、「入り口」では原材料、「出口」では「生産物」と「廃棄物」として生産サイクルを考えることが、効率の点から見て重要であった。そのため、他の経済活動の資源として利用できるかもしれないようなものが、多くの川や地下水やごみ捨て場に溢れるほど捨てられてきたのである。蓄積された汚染による影響の修復にはまだ多くの時間がかかるだろうが、同時に以下のような基本的方向での取組を強化していくことも重要である。

・問題を処理するときに立ちはだかる障壁を除去する。今日、問題を解決しても、実際は別の所に問題を生じさせていることがよくある。例えば、われわれは水を処理しているが、濾過することでできたヘドロをどうするのか?

・「テクノロジーへの過剰な依存」から抜け出すことも重要である。生産方法の改善は、より高性能なテクノロジーによってではなく、マイナスの経済効果を減らすことによって表現されるようになる。

・汚染減少のために使う資金効率の低下に歯止めをかける。次第に減少している汚染物質について、その量を減らしていくのにかかる費用はますます高くなる。。廃棄物の処理は引き続き行なわなければならないが、基準がいっそう厳格になるために、手が出せないほどコスト高になる。ここで無駄に使われる資金を別の所でもっと有効に使うことができるだろう。

・マイナスの経済効果を減らしていくことが重要である。今日、汚染浄化の圧力団体ができており、本物の予防戦略をすべて萌芽のうちに摘みとってしまおうとしている。修復の増加は間接的に生態系《エコシステム》の衰退を表わしているにもかかわらず、国民総生産では修復活動がプラスに勘定されているのである。

・最低基準のぎりぎりしか満たさない場合が多い汚染浄化装置などを購入せずに生産の方法を変えるよう、適切な税措置を使って業者に働きかける。

・統制や監視の手段を強化して、環境問題に関する巨大企業集団の宣言はPR活動であってはならず、まさに実際の行動において示されなければならないということを、確固としたものにする。企業の投資選択の計画と公表の中に適切な環境基準を取り入れることを義務づける。

・汚染除去装置の市場を拡大しようとする商業戦略の犠牲に発展途上諸国がならないように注意する。資源利用の節約政策が実現すれば、先進諸国の汚染除去装置の市場は限定されることになるだろうから、そういった警戒が必要である。巧みな技術移転政策が進められるならば、途上国は、土着の適正な技術を尊重しもっともエコロジー的な方法を駆使しながら、飛躍的に発展していくことができるだろう。

この取組の大きな利点は、包括的なビジョンを提供することである。もはや、毒物学や環境学の断片的知識に基づいて緊急措置をとれば十分というわけではない。だからこそ、自然と人間活動である産業システムの中で、またその関連において、素材やエネルギーのフローについて理解するための道具がいっそう強化されていく必要があるのである。

「産業エコロジー」という戦略

「産業エコロジー」[1]とは、産業の方式そのものから地方や地域の拠点づくりに至るまで、ある箇所の「廃棄物」が他の箇所の原料として再利用されるような生産組織の配置を誘導する原理である。それは生態系や生物圏に関する認識から着想を得た考え方で、原料やエネルギーのフロー、採取から生産におけるそれらの性質、ならびに、できるだけ混乱の少ない生物・物理・化学的な自然循環の中に資源を戻していくような財の利用、といったことについて考え直そうというものである。

産業エコロジーは、資源の枯渇とか攪乱的影響をより少なくするために、産業の循環全体を原料とエネルギーの自然循環の分流として組織するように導き、また、素材を可能な限り再生利用するために、輸送や生産、エネルギー移転や都市計画のプロセスとかテクノロジーについて細部まで検討し直す。とりわけ、バイオテクノロジーをどう位置づけ、その利用をどのように統制していくのかという問題は、きわめてしばしば有害かつ有毒である従来の化学工業の工程や化学物質を刷新するにあたっての基本的課題なのである。

産業エコロジーの考え方から、また例えば、一つの用地で、あるいは近接する用地間で諸活動が補完し合うという図式に入らない産業活動を誘致するための地方税優遇政策は、原料ならびにエネルギーの利用や交換にとって適切と言えるのか、という問題が提起されることになる。いわゆる「エコ産業パーク」がつくられることを促すような地方税の優遇政策が重要である。

主要課題の一つは、企業が一つまたは少数の製品の製造に焦点を合わせることを終わらせて、企業で利用される原料やエネルギーのあらゆるフローをよりうまく活用していくことである。この取組はまた、競争に限定された企業間のアプローチや関係を脱却して、最適の管理ができるようにしていくものでもある。石油化学または石炭化学がまだしばらく存続するとしても、資源が枯渇してはいないが品薄になっている現在、それらをどのように代替していくかという問題が提起されている。

多機能性（食料の生産、景観の保全、等々）という観点からその活動を評価する必要性がますます高まってきている農業は、新しい産業方法に基づく生産を維持していくための植物性原料の提供という点でも、今後きわめて重要になっていくだろう。

消費様式を変える

製品寿命を最大限に延ばすという耐久性の戦略を進めるには、「使い捨て」を終わらせる必要があり、これによって、資源のフローのスピードを減速させることができる。

確かに、消費者優先主義的なマーケティングによる世論操作が数十年続いてからは、長持ちという観念が、古い、陰気、流行遅れ、技術的に時代遅れといったイメージを喚起するようになり、こういった型どおりの表現に、損耗とか回収といった惨めったらしい意味が加わるようになった。

だが耐久性の戦略は、快適さや技術進歩を断念し流行まであきらめることを求めているのではない。それは、以下の四つの取組を通じて目的に応えようとするものである。

・最初から、長持ちするように製品を設計する。特に、たった一つの部品が故障しただけで複合的機器を捨ててしまうようなことをせず、多機能型のモジュール設計をして、リサイクル可能な部品や流行遅れになった部分だけ取り替えられるようにする。

・基本的にコストや強制によって抑止するような単なる修復ではなく、予防による維持が必要である。維持は持続性という考え方の中心にあるもので、もはや「新しいもの」ではなく「長持ちするもの」を買う（あるいは売る）ことが重視されるべきである。

・使用済みの財や設備を再利用する連続使用を、それほど高性能が求められないものに適用する。

・とりわけスクラップとして出されることが多い企業設備を再利用するための「リサイクル公社」を、諸企業と公共団体によって立ち上げる。

適切に行動していくためには、認識し理解することが必要である。きわめて重要になるのは、都市や地域や国のニーズを満たすのに使われた農地や森林などの面積ならびに資源のバランスシートを作成し分析する手段を整備することだが、これは、土地や資源の利用をより公正かつエコロジー的に誘導していくものである。そのように導かれると、豊かさは生産の増大に直接依存している、という生産第一主義の中心的主張が見直されることになり、さまざまな生産活動や原料とかエネルギーの採掘活動が社会的かつエコロジー的に適切であるかどうかという問題が提起されることになる。

持続性の戦略は、雇用数や技能レベル、労働条件や利害の改善といったことにも影響を及ぼすだろう。

Ⅱ　資本主義や生産第一主義をエコロジー化する

資本主義は、しばしば大規模な破壊や苦痛という代償を支払ってではあるが、危機を乗り越え社会的・経済的変化に耐えて生き残る力を示してきた。よく言われる「環境問題に対する市民の関心の高まり」も、その例外ではない。官庁のエコノミストは、土や水、空気、生物多様性といった、あらゆる人間活動に不可欠な「自然資本」を、これまでまったく無視してきたが、今や新しい生産要因として自分達の論理の中に組み入れている。彼らは自然資本の希少化を認めて、技術資本や労働への依存を増大させていくことに期待するが、他方、自然資本は、希少性が高まれば価格が上昇してその使用が抑制されるのであって、技術進歩と価格システムは、このような見通しの中でバランスをとることになるだろう。

このように、「緑の資本主義」にはすばらしい将来性があると見られており、きわめて経験豊かな企業経営者といえども、環境の尊重や企業の環境管理、環境会計、製品管理統合戦略を決断するより他ないのである。そういったことで助けを求められれば応えはするが、エコロジストは依然として彼らに批判的である。彼らが環境を考慮に入れたところで、結局のところ、資本の管理形態が少しだけ現代化され思慮深くなるだけである。それは、長年のあいだエコロジストを嘲笑してきた右派の一部に環境保全に関する信条表明の機会を与えることになる。

国家に関して言えば、経済主体に責任がある汚染のコストを彼らの負担に組み入れ直すという発想から、例えば「環境税」が生み出された。環境税は一つの進歩であり、欧州で少しずつ広がっているが、環境保全にさらに責任と敬意をもって行動するように促していく環境税をもっと推し進めていくことが望まれる。

といっても、このような取組の限界を認識していないわけではない。第一の限界は、温室効果や景観破壊の経済コストを評価することなど誰もできないということであるが、それは重要な障害になる。第二の限界は、現在世代による破壊コストを負担することになる将来世代が、当然のことながら、われわれと一緒にこの破壊コストの評価をするよう招かれていないことである。第二の限界は、「負の外部性」つまり環境破壊の全体をその起因者に負わせることや、きわめて多様な要素から成る錯綜した現象を解きほぐすことを不可能にするような、大きな不確実性の領域にわれわれがいる、ということである。

それゆえ、エコロジストの専門技術者が世界を巧みに管理し救済してくれる、などと期待してはならない。政治的・社会的危機に対する対応は、純粋に技術的または科学的なものではないのである。それは、システムを立ち直らせ、人間社会がその手中から逃してしまったものを再び管理し直そうとする民主的行動の中にある、とわれわれは考えている。

Ⅲ　持続可能な完全雇用に向かって

左派政権の成果は、雇用の分野では評価することができる。五年間に失業がほぼ三分の一減少したのである。これは国際的な経済状況によって後押しされた成果であるが、政府の雇用政策が大いに寄与した――一六〇万人の雇用を創出した――ことは明らかである。

しかし、現在の状況に満足することはできない。依然として二〇〇万人以上の失業者が存在しているし、失業率の低下は足踏み状態である。逆説的なことではあるが、同時に、一連の職務において技能労働力の不足が生じている。実際、失業の減少は比較的技能の高い労働力に有利に進んでいる。高い失業率によって特徴づけられる一部の地区では、状況はほとんど変わっていない。

労働時間の柔軟化と短縮に関するいわゆるオーブリー二法[2]は、妥協の産物だ——その結果は、緑の党の国民議会議員が提出した法案から大幅に外れている——とはいえ、重要な第一歩をなすものである。というのも、それは、長い間妨げられていた企業内の労使交渉を再開できるようにしたからである。

今日、九〇〇万人の賃労働者が労働時間の短縮協定に関わっている。三四万人の雇用が創出され六万人の雇用が保護された、と評価されているが、週三五時間労働制の実施は、フランス企業運動《メデフ》が宣言したような経済的破綻を引き起こすどころか、成長に寄与し、成長局面を伴った。「アジアのエアポケット」の間（一九九七年の金融危機によってアジア経済が停滞に陥った時期）をも含めて、労働時間柔軟化短縮法（ＡＲＴＴ）[3]は失業率を大幅に引き下げることに大きな役割を果たし、また二〇〇一年以降は、アメリカの景気後退の影響を緩和するのに役だったのだった。

さらに、ＡＲＴＴによって、真の自由時間革命の口火が切られることになった。多くの場合、賃労働者はよりよく生きることができるようになり、獲得し直した自由時間を個人あるいは共同の取組に使うことができるようになった。

オーブリー二法の実施について、活発な議論と総合的評価がなされなければならない。それが労働力人口の一七％だけに実施される場合は週四日労働制になるが、ほぼ半数に実施される場合は有給休暇が前年よりも増える可能性がある。多くの場合、オーブリー二法の実施は年総労働時間制をもたらすことになったが、これは賃労働者にとって都合のいいものではない。また、とりわけ週三五時間制は、多数の企業で実現されるようになるにはまだほど遠い。大企業と違って違法な超過勤務時間が存在している零細企業では、二〇〇四年までに週三五時間制が実現されると予測することはできない。公務員の場合はほとんどが、雇用創出の代償としての週三五時間制の交渉が物別れに終わってしまった。

この週三五時間制の法律の効果は国民議会の会期末には弱まっていく傾向があるが、それは、従業員二〇人以上の民間企業の大部分がこのプロセスを完了したからであって、雇用創出を伴う週三五時間制への移行が鈍化することを表わしている。ところで、この期間を通じて生産性は上昇し続けたのであり、それゆえ、週三五時間制への移行はチャンスだと言える。

国際的な経済状況に重くのしかかる不確実性を考えるなら、フランスの完全雇用政策が目標を持続的に達成できるのは、経済活動の質や内容を改善し技能水準を大幅に向上させるという条件においてだけである。

完全雇用政策を成功させていくために、意欲的なマクロ経済的企画、労働時間短縮を続行させるための行動決定、より系統的な雇用復帰政策、職業訓練に対する真の権利の創設、社会的・連帯的経済の強化などを結びつけることを、緑の党は提案する。

持続可能な成長の欧州の主導性のために

ユーロが使われるようになったが、だからといって政治的・経済的欧州が魔法のように形成されるわけではない。この分野では、すべてがまだなされるべきこととして残っている。今日、欧州には、欧州中央銀行と欧州委員会競争総局という二つの経済的権力機関しか存在していないが、欧州中央銀行はインフレと闘うという固定観念に縛られており、欧州委員会競争総局は公共サービス分野を含むあらゆる領域で競争を促進させたいと思っている。また、欧州中央銀行の役人は、完全な政治的統制の外では欧州経済政策を決定することができない。それゆえ、今こそ、真の欧州経済政府が形成されるべきである。

欧州経済政府は、EU全体の持続可能な経済発展計画をつくり上げ実施していく必要がある。不足しているのは労働ではなく、企業や家計による消費エネルギーの節約を可能にする投資支援、貨物や乗客を道路から鉄道へ早く移行できるようにする欧州鉄道網への融資、地方発展プロジェクトの支援といったことである。欧州は、このような代償を払ってはじめて、京都議定書の枠組みにおいて引き受けた約束を履行することができるだろう。

ところで、このプログラムの資金は、その実現に当てられる欧州税を創設する――例えば内燃機関用燃料に課す汚染税から得られる収入を欧州予算に割り当てる――ことや欧州公債によって調達されることになる。

労働時間の短縮を続行させる

週三五時間制の成果と「欠陥」を徹底的に総括した上で、二〇〇三年に労働時間柔軟化・短縮法（ARTT法）を以下のように改定しなければならない。

・とりわけ労働者層のために、丸一日の休日解放という形（平均週四日労働制）でARTTを実施する。

・解放された休日の大半の日程を選ぶ権利を賃労働者（とくに女性の賃労働者）に実行させる。

労働時間短縮（RTT）によって、公共部門で必要になる新規雇用が今から二〇〇四年末までに実現されるだろう。

従業員二〇名以下の企業に週三五時間制への移行猶予期間を認めたからといって、移行の難しさが解消されるわけではない。特に週三五時間制に実際に移行することと引き換えに経営者の財政的・社会的負担を総売上高に応じて減額する、という措置を用意してはじめて中小企業政策が実施されることになるだろう。

法定最低賃金（SMIC）[4]のあらゆる水準を、国民議会任期の初年度末までに特別措置によって統一し直す必要がある。さらに、生産性上昇の分配と労働時間短縮を引き続き追求することが重要である。

歴史的に労働時間短縮は、退職年齢の引き下げと各種の年間労働時間短縮という二つの主要な形態をとって行なわれてきた――双方とも生産性の上昇に支えられている――二〇〇〇年前からのプロセスである。

平均寿命が伸びると、所得分配によって年金生活者の購買力を維持していくことになるが、そのために生産性上昇の一部が吸収され、また、失業問題の解決にもつながっていく。それでも、完全雇用に戻るのに十分というわけではないので、週平均三二時間制という新しい見通しを目標におきながら労働時間短縮を続行していく必要がある。次の国民議会（二〇〇二～二〇〇七年）の会期末までに、三二時間制の賃労働者の割合が現在三五時間制の賃労働者の割合と同じくらいになるなら、理想的だろう。そのためには、週三二時間制への移行を促す労働時間柔軟化・短縮法（ARTT法）の措置が、雇用調整計画の要件の中で強化され、義務化されなければならない。

労使の代表と所得について協議することによって、生産性上昇を現役労働時間の短縮と年金生活の時間との間でどのように配分していくのかが社会的に選択されることになるだろう。

雇用回復のためのより系統的な政策

商工業雇用関連業種全国連合（UNEDIC）の新しい協定は、幸いにも政府が介入することで修正された（国立雇用局（ANPE）と県労働雇用局（DDTE）による雇用需要の統制ルールが維持された）が、労働期間中をも含めて、支援ならびに社会的再編成への道を強化することが依然として必要である。（一八カ月間継続する）若者用の再就職促進計画の場を増やしたり、長期失業者や収入が法定最低賃金（SMIC）の八〇％しかないRMI〔社会編入最低所得〕受給者にも同じ種類のプログラムを用意したりしなければならない。

生涯を通じて技能訓練を受ける権利を確立する

職業訓練の現在のやり方はあまり効果がない。賃労働者を訓練するための膨大な資金は、主として企業の職務に適応するために使われている。新しい職業資格を獲得する手続きである職業訓練のための個人休暇（CIF）は、申請してもめったに認められることがない。また、求職者の職業訓練は、専門家でも分かりにくい多数の措置から構成されている。

商工業雇用協会（ASSEDIC）が新たな財政支援者として職業訓練の行なわれていない分野に出現したが、ルールを絶え間なく変えたことも一因となって、混乱をいっそう増幅させることになった。さらに、一部の分野（介護士や運動療法士の養成、福祉分野の職業訓練）では、保健・社会福祉地方局（D

RASS）が監督しているにもかかわらず、職業訓練費用の大きなばらつきが存在している。

われわれは、職業訓練の実習資格を有する一八歳以上の市民すべてが職業訓練のために六〇カ月の有給休暇をとることができる、という権利を設けることに賛成である。さらに、三〇歳以後は一〇年毎に一〇カ月の職業訓練を受ける、という権利を創設すべきである。このような職業訓練のための資金は、商工業雇用協会（ASSEDIC）、企業、地域圏、国家によって調達される。

職業訓練や職業指導、訓練の方法に関する情報は、国立雇用局（ANPE）と連携した総括センターや成人職業訓練協会（AFPA）が支援する、地域ミッションやANPEのネットワークによって保証される。また職業訓練や研修計画は、この分野のすべての関係当事者（地域ミッション、県労働雇用職業訓練局（DDTEFP）、ANPE、地方自治体、労使の代表者、等々からなるネットワーク）との協議を経て、地域圏の責任の下で実行に移される。職業訓練コースの有効性を高めるために、職業経験で習得したものを認定した場合は、コースを個人に合った形に調節する。

Ⅳ　労働と所得について再考する

失業は高賃金のせいではなく、依然として深刻な不平等のためである

雇用政策に関して「不熟練雇用のコストが高すぎる」という考え方が、ここ一五年来もっとも広く

受け入れられており、労働市場の需要に合わない低技能労働者の失業がそのような考え方で説明されている。

だが、実際のところ、いわゆる「不熟練」雇用の数は減っていないのである。一九九七年に始まった景気回復と共に雇用が創出されたが、その大部分はハイテク部門ではなく低技能雇用による個人向けサービス部門の雇用であった。ニューエコノミー論[5]が主張するように、われわれは突然ニューエコノミーによって、辛くて汚い物理的作業から解放されたバーチャルな世界に投げ込まれたわけではない。コンピューターのディスプレイの背後には組立て工場があって、そこでは、賃金の多少高い賃労働者が厳しい条件の下で反復的作業に従事しているのである。インターネット上で買物をすることができるが、その荷物は、トラックや運転手、荷物取扱い係りや道路等々の助けを借りながら、従来の交通網によって届けられる。工場労働者は就業人口の三分の一を占めているが、この数字には、労働および報酬の条件が必ずしもよくない数百万人の被雇用者が除かれているのである。

「労働市場」は社会的富の創造への貢献に応じて各人に分け前を与える、という想定は、今日の状況を説明するものではない。財の生産とサービスの生産が複雑に重なり合っていればいるだけ、企業の各賃労働者に割当てられる役割が相互依存的であればあるだけ、企業や経済部門の成功は、広い意味でその外的条件、すなわち、社会的共通資本や教育水準や社会関係に依存しているのであって、そこで働く賃労働者や経営者の個人的成果だけに係っているわけではない。このような状況にあっては、報酬格差を正当化するための既成の説明が分析に役立つことはありえないのである。

一部の人は、「富の創造」や企業によって生産される「価値」への各人の寄与に労働市場が報酬を支払う、と考えている。だが彼らは、クレディ・リヨネやムリネ、クルゾ・ロワール、アーオーエム航空（AOM）〔二〇〇一年にエール・リブ航空会社と改名〕、エール・リベルテなどの多くの企業を破産に導いた社長達が高い報酬を受け取ってきた理由について、説明することができない。また、彼らの理論では、好調な企業の社長が、企業の高収益は経営者の手腕、従業員のやる気、企業環境といった複合的要因に起因すると認識し始めている、ということについても説明できないのである。実際、多くの職人、個人企業家、中小企業経営者は、自分達の企画や事業を存続させるためにリスクを冒しそれに耐えている。しかし、大企業の経営者はずっと以前からそういったリスクを避けてきている。大企業の経営者は、自分達のマネーでなく他人のマネーをリスクに曝しているだけのことである。企業が倒産に直面するとき、雇用主の将来が賃労働者よりも保証されていることは明らかである。

純粋で完全な市場としての労働市場、という神話がしぶとく生き残っている。労働市場では、識別可能な技能を持ち込んだ労働者達が競争状態にあり、彼らの技能の価格は適切に評価される、という神話である。また、労働市場では、文化資本や知識、動員能力や情報へのアクセス能力を一番多く備えた者がもっとも勝利を収める、というのである。市場が実際にそのような役割を果たしているのであれば、組立工や製パン業従業員ばかりか、賃金がそれほど魅力的でない――社会的需要を満たせないほどの低賃金で、そのため労働の需給間に恒常的な不均衡が見られる――ために慢性的に求職者が不足しているような多数のサービス業の賃金も上昇することになるだろう。

しかし、実際は力関係こそが何よりも重要なのである。不熟練労働者の失業も、きわめて低い彼らの報酬も、中流層や上流層に有利におこなわれてきた富の配分に照応しているのであって、そういったことは、時代の運命とか、ニューエコノミーが技能労働力だけを求めているということによっては説明されないのである。

生産性上昇の競争と労働の強化

労働編成は、諸個人が生産性上昇の激しい競争に組み込まれていくことをますます求めるようになる。フランスおよび欧州の統計や多数の専門的・実証的研究は、〔労働が人間生活に占める時間がより少なくなってはいるが〕どれほど労働が強化されていくかということに集中している。だが、そのような変化〔労働強化の進展〕は、技術進歩が労働生活の質に及ぼす良好な影響を妨げてしまう。

労働の強化によって労働時間は不安定になるし、また長期的には、複数の仕事の兼務や職移動の容易化、企業内での職務転換の誘導などが進んでいくだろう。賃労働者が自らの労働に十分な距離をとりながら、課題の遂行や職務の変化を個人的かつ集団的に考えられるような状況は、ますます少なくなっていく。ストレスや労働災害、職業病の増加は、こういった現実を示しているのである。

賃金と所得の格差を見直し、極端な格差を縮小する

雇用支援政策を、条件づけたり、低賃金労働者の雇用への公的補助金を減額あるいは廃止したりすることによって、修正していく必要がある。下方へのスパイラルを終わらせるように、「低賃金」に対して雇用主に認められる負担の軽減を、きわめて高い賃金から徴集される社会保障負担を増加させることによって埋め合わせることができる。この雇用支援政策の融資条件についての労使交渉は職業分野ご

とに行なわれるが、あらかじめ決められている期間内に同意が得られない場合は国家が介入する。そうなると、企業が生み出した富の配分について真剣に議論せざるをえなくなる。そしておそらく、いわゆる「不熟練」労働のコスト上昇分の一部を公共団体に支払わせるという政策に次第に落着くことになるだろう。

法定最低賃金（ＳＭＩＣ）は少なくとも国内総生産の増大にスライドされるべきであり、競争力の伸び以上の上昇幅が、所得に関する毎年の会議で決定されなければならない。

社会的最低所得保障を引上げる

今日、社会編入最低所得（ＲＭＩ）の受給者の八・八％しかＲＭＩの全額を受け取っていないが、それは、例えば住宅手当の給付と連動して天引きされるような多数の控除があるためである。また、この四半世紀を通じて、ＲＭＩと法定最低賃金との切り離しが強まっている。

ＲＭＩやその他の社会的最低所得保障は、国民議会の第一年度から、老齢最低手当と連動させて最低賃金の上昇にスライドさせていかなければならない。そして、ＲＭＩの額から天引きされる住宅税を廃止する。

社会的最低所得保障を受けている人が仕事に復帰することで不利益を被らないように、所得に応じて低減していくような補償手当を、パートタイムの仕事に就く人々のために創設すべきである。低所得世帯の主婦に不利益にならないように、ＲＭＩの、社会復帰を義務づけるという「付帯」条件〔資格取得のための研修や就職目的の学習や研修を受ける義務〕について見直す必要がある。

不安定就労と闘う

不安定就労に対する闘いは、あらゆる人に資格ある仕事を用意したり、フレキシブルな働き方を受身ではなく選択されたものにしたり、労働条件や技能資格や報酬を改善したりしながら行なわれる。

民間部門では、以下のことがなされるべきである。

・企業の不安定就業率（有期雇用契約や派遣労働契約）に応じた社会保険料の料率割引割増制度や、各職業部門に独自な規準を集団的協定で決める制度を創設することによって、社会保障負担金を調整する。公的支援の恩恵を受けている企業が解雇した場合、企業に罰則を課し公的支援から除外する。

・個人的および経済的な解雇から賃労働者を保護することを強化していく。雇用主は雇用契約を破棄する根拠を示さねばならず、また、労働裁判所は賃労働者の職場復帰を求めることができる。人員整理計画に関する投票権を企業委員会[6]に与える。とくに〔人員整理に関する〕雇用調整計画から排除された中小企業には、転職支援相互基金を職業部門ごとに設けて、賃労働者の補償と転職の条件を改善する。

・労働監督局の予算を増額する。

・労働権が、大企業の賃労働者だけではなく、中間管理職を含むより多数の就業者を保護するようにしていかねばならない。

・獲得された権利を企業横断的に移転できるようにする（勤続年数を企業単位ではなく、産業部門単位で計算する)。

・すべての労働契約を労使協定と関係づけることや労働協約を階層的に適用すること(産業部門協約は企業協約を拘束する)を保証する。

さらに、失業補償を強化していくことが不可欠である。今日、補償を受けているのは失業者の半分以下であるが、その割合はここ二〇年増え続けている。それゆえ、失業手当を減額せずに維持していかねばならないことを再確認する必要がある。最近の国民議会では、フランス企業運動〔フランス経団連〕は、とりわけ失業補償の拡充という争点をめぐってジョスパン内閣に対立した。もっとも有害な側面は回避されたが、そのカスは残っており、依然として不十分な状態にある。

公的機能を通じて不安定雇用を吸収していく必要がある。行政機関は、連帯雇用契約(CES)[7]とか強化雇用契約(CEC)[8]の身分や若者の雇用を保証しなければならない。また、日常の仕事に就きたいという彼らの要望に応えるために、行政機関は資格不足でも雇わなければならないだろう。

不完全就業の形態と闘う:パートタイム労働の強制

数十万人にのぼる賃労働者が、少ない労働時間のためにきわめて低い所得しか獲得できないような雇用を承諾させられているが、その大部分は女性である。労働時間のばらつきや不確実性を考えれば、ほとんどの場合、彼(彼女)らの低所得は自由時間の代償だ、などと言うことはできない。ジョスパン内閣によって決定された、パートタイムに対する社会保障負担の軽減の廃止は、ひとつの前進である。というのも、この軽減措置はパートタイム雇用を増加させる一因になっていたからである。

しかし、もっと前進しなければならない。労働契約の基礎となる労働時間以上の超過労働時間には、割増し時間報酬を加算すべきである。労働作業中の大きな中断は個人生活に混乱を来すことになるから、補償の必要が生じる。フルタイムで働くことを望むパートタイム労働者にも、所定の期間が終わった後は、この意味における権利が与えられるべきだろう。

労働を変える

不衛生や危険を伴う辛くて苦しい仕事の多くが経済的・技術的発展と共に消滅してきたことは確かである。だからといって、労働条件の問題をそういった変化に任ねてしまうことはできない。第一に、経済的・技術的な発展だけを当てにするならば、二世代あるいは三世代に犠牲を強いることになるだろう。第二に、よく指摘されているように、そういった変化がつねに望ましいとは限らない。第三に、労働条件はまた社会的・政治的闘争の影響にも左右されるのであり、二〇世紀後半に見られるように、経済的・技術的進歩の活動が社会的後退によって妨げられる可能性もある。つまり、労働条件の改善は「自然発生的」になされるわけではないのである。それには例えば、明確な方向性や規制、労働条件に関わる専門家の活動領域を定めること、労働組合の要求計画、といった多様なアクターの独自な介入や行動意志が必要である。しかし、形式的な措置を整えれば、各アクターの直面する困難が乗り越えられて労働条件の転換にまでこぎつくことができる、と保証されるものでもない。

議論する権利（むしろ「表現する権利」）は、理論的には一九八二年のオールー法[9]の枠組みの中に存在している。近年あまり利用されていないこの権利は、実際のところ、賃労働者の格差拡大という方向に彼らの意見を組織していくものであり、それでは十分だと言えない。賃労働者の意見を集合的に形成していくステップが不足しているのである。交代計画、作業人員数に関する問題（「最低人員数」を絶えず追求することは受け入れられない）、製品の質や消費者・ユーザーあるいは環境への影響に関する問題を含む、労働条件や労働編成について、賃労働者が自分達の間で議論する時間帯を持てるようにすべきだろう。

所得と労働を部分的に切り離し、所得保障の方向に向かう

生産性の伸びを具体的諸個人に帰属させることはますます難しくなっているので、所得を個人ベースで計算することが次第に問題にされるようになり、一般的基本所得という考え方が浮上してきた。それは、低賃金をアップさせる闘争や労働条件の改善闘争にとって代わるものではなく、それらを補完するものである。所得保障は、労働の世界を変えはしないが、生産性競争によってますます増えていく周辺化ないし排除された人々にとっての（安価な）セイフティネット、という漠然とした役割を果たすことになるだろう。

とはいえ、その役割は大きい。逆に市民権所得〔10〕がないならば、賃労働者は、質の高い雇用を求めることも各自で職業コースを制御することも困難になって、企業の経営陣に対する従属を高めていかざるをえないだろう。また、真の所得保障（社会的に有用な活動と引き換えに所得を保障する）を設けようとすれば、われわれの社会をどう組織していくかということに関するきわめて重要な問題を提起することになり、労働組合や協同団体やすべての市民に関わる全国民的大論争の争点になっていくだろう。

全生涯を通じて労働を別の仕方で配分する

われわれの生活は、今日きわめて不十分な仕方で組織されており、学童期、職業訓練・習得期、職業生活期、退職期といった、壁で仕切られたいくつかの時期にプツプツ切断されている。職業生活を何年間も中断して、教育を受け直したり労働以外のことをしたりするのも、職業復帰するのも、容易なことではない。また、退職して年金生活に入ることは、仕事をしながら少しずつリタイアしていきたいと望む多くの人々を、あらゆる活動からすっかり放り出してしまうような切断である。

個人の成長や開花を促進する中断や分岐が可能になるような、まさに職業生活全体の展開について、日労働や週労働の整備と共に再検討していく必要がある。

以上、緑の党は、労働時間短縮の新しい様式をめざして創意・工夫していく道筋を提起したが、この道筋は想像力に富む未来を切り開くものである。

V　多元的経済をめざして

経済が民主的に組織された社会の制御から逃れて、資本の所有者や年金基金の運用者の意思決定だけに従うとき、民主主義は実際に存在することができるのだろうか?

この問題に対してわれわれは一般に、国家が経済調整の役割を果たすのは当然であるし望ましいことでもある、と答えるが、この答えには説得力がない。というのも、公的権力が経済に介入する方向についてまったく言及していないからである。何人かの扇動的指導者のイニシアティブに従うだけの「科学的に純粋な」資本主義など、結局のところどこにも存在しない。アメリカでは経済界と政界との絡み合いがおそらく欧州よりも緊密であるようで、アメリカ政府はいつも経済界のロビー活動と完全に歩調を合わせて介入している。つまり、経済的自由主義といっても、それはきわめて調整されたモデルなのである。世界貿易機関〔WTO〕の最近の交渉に参加した人や、一九九七年の京都議定書〔法的拘束力のある温室効果ガス削減目標を設定〕の発効に向けた二〇〇一年のマラケシュ合意〔第七回地球温暖化防止会議〕の締結に加わった人が知っているように、「貿易の自由化」には、自由貿易の実行条件を詳細に規定し、その手続きを成文化した数百頁にわたる条約に同意しなければならなかったのである。

要するに、いかなる経済も調整されているのであり、それゆえ、誰のためにどのような目標で調整されるのか、ということが問題になるのである。

われわれは、私有財産の廃止と国家計画経済を提唱した人々が失敗したことを繰り返そうとは思っていない。しかし、だからといって、社会と人間的活動の全面的な商品化に対してまったく反対を表明できないわけではない。維持・保存していきたい部門が商品化攻撃の外で生き延びられるようにするにはどのような取組が必要か、ということについても語らねばならない。

このような観点からすれば、公共サービスの仕組みや業務の条件を定義し直すことがきわめて重要になるし、また、一般的利害という点から戦略的部門で実施される生産要因の社会的領有形態について考え直す必要が出てくる。

持続可能な発展をめざす企業

企業論は、時の流れに沿って系統的に展開されてきたわけではない。企業は、左派政党が伝統的に行なってきた無視の対象にも、右派が行なってきた尊敬の対象にも値するものではない。企業がわが国の生活自体に不可欠であることは確かだとしても、それは富を創出する唯一の場ではない。企業は、自由に使うことのできる公共サービスを利用しており、だからこそ、企業の自由は無制限ではありえないし、また、その健全性の条件そのものである公共サービスの資金調達に参加するのは、企業にとって当然なことなのである。一定の簡単な実践的措置がとられるなら、企業は持続可能な発展において然るべき役割を果たすことができるだろう。

社会における企業の役割を定義し直すことと関連させながら、企業会計の論理を根本的に再検討することが必要である。

われわれは以下のように提案する。

・企業の社会的バランスシートの内容を改める。今日、このバランスシートはただ会計原理だけに基づいているが、それでは不公正であり不完全である。なぜなら、活動の有用性やその社会的条件が無視されているからである。フランス国有鉄道（ＳＮＣＦ）のような企業は、たとえ赤字であっても、それがもたらしているサービスや維持している（短期的な収益基準で見なければ、維持すべきだろう）雇用を考えるなら、必ずしも批判されるべきではないだろう。逆に、同じく赤字であって膨大な補助金が注がれている武器製造業者は、批判を受けて当然だろう。

・国民議会の会期中に労使関係近代化法案[11]が可決されると、上場企業は自分達の活動の環境評価報告書を公表しなければならなくなる。この有用な情報は、企業にとっても、自分達の活動を環境の点から見直す絶好の機会になるだろう。さらに、エネルギー収支報告書の公表も求められるようになるだろうが、これを単純に会計用語で表わすことは難しい。

・企業内の労使交渉や、労働組合およびそれが関わる交渉レベルに与えられる権限が、大きな争点になっていくだろう。産業部門や雇用区域で行なわれる労使交渉は、技能資格の向上や技能訓練、戦略、製品についての新たな対話を可能にしているが、今後ますます、技能労働者の雇用や解雇リスク軽減のための行動手段になっていくだろう。企業間の協力（地域生産システム、雇用主連合）に大いに力を入れなければならない。

経済と社会生活における公共サービスの位置

公共サービスは依然としてフランスの社会生活に必要不可欠な要素であり、きわめて重要な政治的争点である。

一言で公共サービスといっても、そこには、警察または治安のサービスや、国家公務員で構成される国民教育とか国庫のサービスから、自由な身分を有する個人が行なう健康・医療の公共サービスや公的施設・私的施設、市民社会への責任を負う地方自治体が主として認可する水の公共サービスに至るまで、きわめて多様な実態が含まれている。

さらに、輸送部門やエネルギー部門の国有企業が公共サービスに付け加えられねばならない。とはいえ、注意すべきは、フランス電力（ＥＤＦ）に課せられている義務とフランスガスに課せられている義務とは同じでないのに、この相違の理由が不明瞭であること、フランステレコムのような企業は依然として公共サービスの使命を果たしているが、公共サービスはもはやこれらの企業の中心になっていないことである。

それゆえ、公共サービスという概念は不鮮明ではっきりしないものとして現われる。公共サービスは、それを提供する職員や企業の規定や資格によっても、一般的な実施ルールによっても定義することができない。公共サービスの継続性や公共サービスへの市民の平等なアクセスといったいくつかの原則は存在するが、そのような原則自体は具体的事情に応じて適用される。すべての市民は電力供給の保障を要求できるが、ガスについて同じことを要求できるわけではない。フランステレコムは電話回線への接続をすべての人に保障するが、デジタル式携帯電話システム（ＧＳＭ）は収益性があるところでしか保障されない、等々。

さて、フランス人は公共サービスに対していつも不満を口にしているのに、それと同じくらいの愛着も抱いている。要するに、厳しい批判と愛着とが混じり合った感情があるために、公共サービスに関する論争が生じてくるのである。雇用保障のためにやる気を失っている「決まりきった仕事しかしない公務員」と富の創造者としての活力のある民間部門とを対立させる図式だけでは、公共サービスをめぐる論争を理解することはできない。

公共部門の費用が高くつくとき、破産に瀕した民間部門を救済する援助の手がしばしば納税者に求められたことを確認する必要がある。ごく最近の例として遠距離通信部門があげられるが、この分野の無限の成長という予測は深刻な金融破綻を引き起こして株式市場のインフレを助長することになってしまった。このような経験から、エネルギー政策に関する受注条件がフランス電力（ＥＤＦ）に定められない限りは、ＥＤＦの資本を民営化することに緑の党は反対する。

公共部門は負担になるどころか、国富の創出にきわめて大きく貢献している。教育を受けた労働力が不足しており、人々の健康状態が悪く、交通・通信網が存在しないという状況であれば、民間企業の生産活動はどうなってしまうだろう？　とはいえ、最善を尽くしても万事がうまくいくわけではなく、公共サービスもまた変化を免れることはできないのである。公企業は、ただ公的であるというだけで一般的利害を託されているのではない。

多数の利害に従うよりも自分自身の利害や、ここ数十年それを管理している国家の巨大団体の利害に従っている公企業もあるし、きわめて巧妙なロビー活動を駆使したり実際上のあらゆる統制を免れたりすることで、自分達の見解を政治権力に押し付けている公企業もある。そのような公企業は、独占的立場にいるおかげで、短期の経済的制裁を受けるリスクがない。それだけに、公共サービスによってカバーされるべき分野や、公共サービスが民主的に機能する条件（ユーザー、消費者、住民の参加）について、市民全員で定義し直す必要がある。

地域整備に関するいわゆるヴワネ法で創設された公共サービス計画は、二〇〇三年に手直しされて続行される予定である。公共サービスについての見直しが始まっているが、緑の党は重点政策として、公共サービスの地域化や分権化、ネットワーク化、すべての地区への均等な配備を考えている。われわれは以下のことを提案する。

・社会的共通資本が未整備の都市近郊や農村地帯で、近隣向け公共サービスを強化していくための五カ年計画を実施する。

・公共サービスの自由化をめざすGATS〔サービス貿易に関する一般協定〕をめぐるWTO交渉に反対し、欧州公共サービス〔欧州における社会全体の利益のためのサービス〕という概念に基づいて公共サービスの新しい枠組みをつくる。また、フランス型公共サービス〔フランスでは公的企業であるフランス電力のみがエネルギーを管理している〕をEU競争法〔共同市場内の競争の機能を妨害・制限する行為を禁止する法〕に適合させていく。

・公共サービスの管理・運営の決定機関に、ユーザーや消費者の代表を計画的に参加させる。

・貯蓄金庫、預金・委託金庫（CDC）、不動産信用金庫、中小企業開発銀行（BDPME）を再編成して、社会のニーズや社会的・連帯的経済の発展に適合した融資を引き受ける公的金融機関の中心をつくる。

社会的・連帯的経済の発展を促進する

一九八〇年代以降、重要だが種々雑多な運動を指し示す、第三セクター、社会的企業、オルタナティブ連帯経済といった用語が盛んに使われるようになった。これらすべてのイニシアティブに共通する点は、利潤の最大化とは異なる目標を満たす活動を創出する、新しい企業家精神を発展させようとしていることである。有機栽培農家は自分達の生産物の出荷を制御するために協同組合を設立し、社会的労働者は廃棄物を収集・選別する社会復帰促進企業〔12〕を設立した。この種の活動はすでに、賃労働雇用とフランス国内総生産の約四%を占めている。

企業の資本所有とは異なる形態の社会的・連帯的経済や協同的・共済的企業は、それらの独自性を持続的に確立し保護する基本法——国民議会が始まってすぐに可決された——によって助成される。

われわれは以下のことを提案する。

・統制と引き換えに融資する（補助金という直接的形態で、あるいは税や分担金の控除によって）という自動的権利を第三セクターのイニシアティブにもたらす、社会的・連帯的経済の認証ラベルをつくる。

・非営利企業の権利を設ける。一九九六年に民間営利企業にしたのと同じことを非営利企業にも行なわねばならない。欧州法との整合性に留意しながら、非営利企業の創設や発展、移転の条件を定める法律をつくる。ニース・サミットで欧州会社法が承認されたが、協同組合についてはなすべきことが何もなされていない。

・社会的・連帯的経済を発展させるための国有銀行を創設し、資金調達や資本リスクに備える地域機関をつくる。

・フランスであまり発達していない非営利団体や非営利企業《アソシエーション》の税制について再検討する。

・一九〇一年の非営利企業《アソシエーション》〔結社の自由と利益配分の禁止とが結びついている組織〕法に基づく非営利《アソシエー》企業《ション》を発展させる。今や非営利企業の支出予算は数十億フラン、そこで働く賃労働者は一五〇万人──常勤労働者は九〇万人──にのぼっており、非営利企業《アソシエーション》の社会的貢献を認めなければならない。

・第三セクターの教育や職業訓練や監督に携わる機関を支援する。
・オルタナティブ企業による土地や不動産の取得を促進する。
・今のところ資格のないボランティア活動を承認する。ヴィヴェレ報告に従い、公的会計への貢献を評価することによって、ボランティア活動を承認しなければならない。
・ボランティア活動の成果の有用性を認める。このことは社会近代化法で原理的に行なわれているが、それを実行に移すのはまだこれからである。
・時間管理政策において「社会的に有益な時間」を認める（三五時間労働法の第一五条第五項には連帯活動家のための特別条項が含まれているが、実施されていない）。
・社会連帯経済を発展させるために、貯蓄総額の五％の税控除を認める。
・社会的イノベーションを推進する国家機関や、社会的創造性を養成する学校を創設する。

Ⅵ　より公正で、持続的発展に有効な税制のために

現状で強制的課税を「全般的に」低下させることは経済政策の適切な目標でなく、フランスの変則

的状況によってそれを正当化することはできない。個人が負担する強制的徴集に関して言えば、フランスは欧州諸国の平均より上に位置しているにすぎない。その上、この徴集の見返りになされるサービスを考慮した国際比較はほとんど行なわれていないのである。フランスのシステムとの比較を有効に行なおうとすれば、例えばアメリカの租税負担には、フランスよりも格段に低い疾病支払い限度額（保証限度額）を受け取るために賃労働者や企業が民間保険会社に払い込む支払い額を含めなければならないだろう。税は、教育（国家予算の二一％）、雇用と連帯（国家予算の同じく二一％）、健康、司法、等々といった、われわれすべてが恩恵に浴する公共サービスのために使われているのである。

とはいえ、フランスの税制システムはいくつもの不都合に苦しんでいる。それは複雑であるし、不平等の縮減に十分に寄与していない。また、環境保護や資源の持続的管理に有利に働いていない上、きわめて高額の世襲財産に都合のいい大量の脱税を生み出している。

われわれの提案のねらいは、これら深刻な欠陥を是正して、再分配を現在よりも重視する税制や、持続可能な発展に有利な税制、納税者にとってより透明で分かりやすい税制を確立していくことである。

所得税をより公平でクリーンなものにする

所得税は分かりにくく、公平さを欠いているし、それほど累進的ではない。二〇〇〇年の付加価値税は単独で約九〇〇〇億フランだったが、所得税と一般社会保障負担税（ＣＳＧ）はそれぞれ三四六〇億フランと三八〇〇億フランだった。強制的な課税総額に占める所得税の割合が相対的に低下していること自体が問題である。というのも、諸個人の実情を考慮に入れた税は所得税だけだからである。

フランスの約四〇〇〇億フランにのぼる強制的課税には、全体の累進性がきわめて低いという特徴がある。実際、ただ所得税だけが、所得の増加に連動した平均課税率表に従って計算されていて、連帯富裕税と相続税はそのようなやり方で計算されていないのである。

もっと深刻なのは、個人所得税（IRPP）が大きな位置を占めているのに、所得税総額そのものがほとんど増えていないことである。事実、所得税は所得の集中をほとんど修正していない。もっとも慎ましい二五％のフランス人は総所得の四・九％を受け取っているが、税調整後の取り分は五・三％に増加しているだけであるし、総所得の三四・二％を受け取っているもっとも裕福な一〇％の層が税引き後に受け取る分は三一・六％に減少しているだけなのである。

個人所得税だけで見ると、課税率には八・二五％から五三・二五％まで変化する区切りがあるのに、平均的な所得税率は一二・二％にすぎない、という事実がこの累進性の低さを物語っている。しかも、二世帯のうちの一世帯しか個人所得税を支払っていない。個人所得税がとりわけ公共サービスに見合った課税であると考えるなら、このことは市民権に関わる重大な問題を提起することになる。納付者の数を増やし、全体の累進性を高める方向で所得税を改革していくことを、われわれは提案する。

住民税を廃止して、累進課税で置き換える

住民税を廃止しても、地方自治体の税収が減らないようにしなければならない。それゆえわれわれは、地方自治体に独自の、追加所得への課税によって住民税を置き換えることを提案する。地方自治体は国家と同じ資格で、所得税と同一基準で課税することを可決するだろうが、現行のあらゆる地方税と同様

に、この租税表の大筋が財政法で決定されることは明らかである。自治体間の課税基準の相違がもたらす地域的不平等を是正するために、地方自治体間の調整システム（そのようなメカニズムはすでに、事業税調整のために存在している）が導入されねばならない。

こういった解決策には、次のような二重のメリットがある。

――今日よりもはるかに規模の大きな税「容量」に、税制の真の公正にとってただ一つの条件である累進課税表を適用することができるようになる。

――さまざまな公的人格に割り当てられるいくつかの税が、所得全体に同一の基準で課税するやり方にまとめられるので、税制が簡素化される。そうなれば、税金を管理するコストも削減される（公務員の給与だけになる）だろう。

累進所得税の制限措置を廃止する

ここに提案する措置は、課税基礎を拡大することによって、低中所得層の税負担を減らそうとするものである。

・いかなる所得にも同じ課税基準を適用する。とくに重要なのは、一般社会保障負担税（CSG）（従来、給与、事業、年金、不動産など、種類ごとに異なる税を課していたのを一九九一年に一本化し、社会保障給付金を除くすべての個人所得に対して一律の課税率が適用されるようになった）と同様に、金融収益にも同一の所得税を課すことである。実際、この所得には、「闇雲に」弁済的なやり方で課税するよりも累進課税表に従って課税する方が公正である。

・二〇%の一律基礎控除を廃止する。従来の慣行だからという以上の理由がないこの控除によって、累進課税表の効果が弱められている。この課税基準で認められる経費を控除できるのは一部の職業だけ、というような基礎控除は廃止した方がいい。

・〇・五%の地方進出税を設けて、租税表の第一段階の課税率を減らす。なぜなら、少なくとも地方で得た追加的収入には、誰もが個人所得税(IRPP)を支払わなければならないからだ。小額納税者に求められる象徴的負担(所得税はとりわけ「市民税」としての性格をもっている)が、雇用助成金受益者に財政的不利益を与えることになってはならない。

・所得の不平等を是正しない家族指数(課税額決定の指数)を廃止する。子供の数で査定される控除を設け、必要であれば資産状況に応じて家族手当を増額するようにした方がいい。

・税額控除を廃止する。

―所得税を源泉徴収する。

―世帯によって課税するやり方を、結婚しているかどうかで所得税が変わることのないような個人別課税方式に置き換える。

地方税制を持続可能な発展の道具にして、再分配の役割を高める

地方税は本来、自由に決定できる財源を地方自治体に確保させることによって中央権力に対する自律を保証しようという、財政上の道具として構想されたものである。このような当初の企てとかけ離れた状況が、歴史的変化の中でもたらされた。地方自治体には税率を決める自由などまったくなく、国家

で決定される免税措置が増加するにつれ、補助金への依存度をますます強めるようになってきている。

固定資産税率を見直す

固定資産税率は、不動産の現在価値からますます切り離された状態にある（最近の税率改定は、非建物財産に対しては一九六一年に行なわれ——一九七九年には査定税額が時価評価された——、建物財産については一九七〇年に行なわれた）。一九九〇年の税率改定はうまくいかず、課税基準と現実がこのように分離した状態にあるために、環境保護を目的とする不動産税を設けることがほとんど不可能になっている。二年ごとに財産を一〇％評価し直すことを目標に、財務省が税率を毎年改定できるような制度を設けなければならない。現実に対応した税率を維持していくためのこういった見直しは、市民と納税者を参加型民主主義の発展という枠組のなかで結びつけていくだろう。

非建物不動産への地方税を改定する

固定資産税には、株式や土地などのインフレヘッジ資産にペナルティを課して生産要素のより好ましい配分を追求させるという、資本課税の経済的目標が欠けている。現行の税制は、環境保全という点で常軌を逸しさせてしまうものである。

都市や都市周辺地域の非建物不動産に課される固定資産税はきわめて低い。また、土地利用から生じる付加価値が少ないほど、固定資産税は高くなる（混合農業システムは、土地利用型でない畜産（購入飼料による施設型畜産）よりも相対的に税が高い）。生産しないためにとっておかれる空間（その環境的内容はしばしばきわめて豊かである）には制裁的な税がかけられるし、また農地には建物よりも重い地方税が課されている（これは、集約耕作による土地収益の増大を促す要因であると共に、収益のない土地を全面的に放棄させ、それゆえ荒地を生み出す促進要因でもある）。現行の税制は、自然空間のエコロジー的な質やその生物学的価値をまったく考慮していないのである。

免税が環境に悪影響を与える場合もある。農業用建物に対する、建物および非建物不動産への免税は、しばしばきわめて環境汚染型の、土地を利用しない施設型農業生産の発展を促すことになる。

われわれは以下のような提案を行なう。

・主要な土地利用の仕方と差別課税の原理に沿った新しい土地分類様式を、二〇〇三年の財政法の企画の中に取り入れる。

・不動産税の免税対象から原子力発電所と飛行場を除外する。

・地方自治体の利益になるように、以下の措置を実施して、不動産の市価に基づく税収を維持する。

—土地を、居住地、商業地、工業地、農業地、湿地、森林地区といった主要な使い方に従って分類する。

—土地利用計画に入る農地には、耕作の放棄を促すことがないように、市場価値ではなく使用価値を考慮に入れる。

・農業空間を保護し都市が拡大していくのを抑制するために、インセンティブを設ける（都市周辺地域の農地に対する特恵税率、土地用途を変更する場合の追徴金、環境的な地役権〔自己の土地の便益のために他人の土地を利用する用益物権〕の設定、等々）。

事業免許税を廃止する

かつての営業税に代わるこの事業免許税は、当初から複雑であったが、時が経過するにつれてますます分かりにくくなっている。地方自治体（市町村の広域連合である市町村協力機関に編成されていることもあれば、そうでないこともある）には、農村活性化地域、単一課税地域、都市再開発地域、単一税地域といった多様な免税地域があるし、また事業免許税率も、ニュイリ県の三・五％からオート＝ド＝セーヌ県の一七％に至るまでまったくさまざまである。

要するに、豊かな地域はますます豊かになり、貧しい地域はますます貧しくなっていく。というのも、不調和な産業的・商業的集積を再編成する経済特区をつくったり、他の税率を高めたりすることが、貧しい市町村の「自然な」性向であるからだ。

単一税を廃止して、地方自治体が決定する法人税への追加税や、産業的・商業的利益に所得税枠で課税することで生じる収入の一部によって、それを代替すべきである。非営利企業《アソシエーション》は、総売上高に応じて査定額を振り込む。納税者が同じ（会社、自由業、等々）なのだから、租税の代替は個々の納税者に税の圧迫を感じさせない（少なくとも最初のうちは）ものでなければならないだろう。

世襲財産を保持する不平等と闘う

大きな社会的不平等の一つは、譲譲される既得の世襲財産に関するそれである。減少しつつある所得税の累進性を高めても、個人が大資産を形成していくのを抑制するには不十分だろう。連帯を促し効果的かつ公正な仕方で不平等を是正するために、私人が得た富の一部を再分配する一つの手段が、相続税なのである。

緑の党は、上流階層の相続税を引き上げることを提案する。目標は、芸術作品の〔裁判所・遺言などによる〕選定制度や他の財のための財団制度を優遇しながら、同時にフランスの相続税率を、例えばアメリカの現行の税率並に引き上げることである。

真のエコロジー税制をめざして

課税は、規制を課するものであると共に、市民や企業の行動を環境保全の方向へ誘導するのに役立つものである。そのねらいはさしあたり、国庫に追加的歳入をもたらすことではない。例えば、企業や家計が環境汚染のより少ない行動をとることを奨励するために課される税金は、従来の課税基準での減税分を補うのに使われる、といったように、エコロジー税制が発展すると、日常的な税の徴収に完全に介入できるようになるのである。

エコロジー税制には、何よりも汚染者負担原則が適用されている。環境にダメージを与えているのは経済的アクターであるのに、今日、環境破壊の費用は自治体によって負担されている。汚染者負担原則のねらいは、まさに汚染の費用について彼らに自覚させることにある。

フランスではエコロジー税制の実施に向けて第一歩が踏み出されたとはいえ、まだなすべきことが山積している。フランスのエコロジー税制の領域で一九九九年に行なわれた主要な改革は、次のような汚染活動に対して一般税を設けることであった。

―特殊な産業廃棄物の処理と貯蔵
―大気汚染
―石油
―騒音公害
―家庭などから出るゴミの貯蔵

二〇〇〇年には、汚染活動一般税（TGAP）が主に石鹸用のアルカリ性溶液やコンクリート用の砂利・砂、殺菌・殺虫剤にも拡大された。いま重要なのは、この税を世帯や企業や官公庁のエネルギー消費にまで広げていくことである。

このような観点に立てば、CO_2排出や使用燃料のエネルギー価に対して然るべき税を設けなければならなくなる。最初の段階では、この税をCO_2一トン当たり少なくとも一五〇フランとするが、二〇〇〇年にフランス政府が採択した「気候変動防止国民計画」で定められた目標と照らして、CO_2一トン当たり五〇〇フランにまで次第に引き上げていかねばならないだろう。将来的には、この税を欧州レベルに拡大していくべきだろう。

例外的に高いエネルギーを消費している産業部門に特別措置をとることもありうるが、そこから得られる税収は、環境政策のための資金に優先的に割り当てられなければならない。また、ガソリン税率を欧州レベルに平準化したり、軽油税率をガソリン税率並に引き上げたりする必要がある。

エネルギー消費の小さい環境保全的な製品の付加価値税率を引き下げられるようにするには、EU加盟諸国にもっと大きな自由を与えるべきだろう。

訳者注

〔1〕産業エコロジー

産業エコロジーとは、産業間および産業諸活動間で連携して、資源生産性や環境効率を無駄のないように改善することである。

〔2〕オーブリー法

オーブリー法は、一九九八年六月の第一次法と二〇〇〇年一月の第二次法から成っており、その主な特徴は、①法定労働時間を週三五時間とすること、②早期実施へのインセンティブとして、企業に対し社会保障負担の軽減措置がとられたこと、③時短の具体的実施方法は企業内の労使交渉に委ねられていること、である。

〔3〕労働時間柔軟化短縮法（ARTT）

オーブリー法と呼ばれる三五時間労働法は、ワークシェアリングのための労働時間短縮（RTT）の側面と労働時間の柔軟化（ATT）の側面とを有している。

〔4〕法定最低賃金（SMIC）

物価上昇だけでなく、一般賃金の動きも考慮した全産業一律の最低賃金で、毎年七月に設定される。二〇〇三年の最低賃金は月一〇九〇ユーロで、一ユーロ＝一三〇円とすれば約一四万円である。

〔5〕ニューエコノミー論

ニューエコノミー論は、IT革命によって資本主義の景気変動が克服され、繁栄が永続する、という議論で、一九九〇年代のアメリカの持続的好景気を説明するのに用いられた。

〔6〕企業委員会

企業レベルの労使協議機関で、従業員五〇人以上の企業に設置が義務づけられている。経営者、選出された従業員代表、労組代表の三者から構成され、企業の経済・財政活動に関する情報提供を受け、従業員の福利厚生に関する決定を行なう。

〔7〕連帯雇用契約（CES）
一年以上失業している者や、RMI受給者を対象にした、地方自治体や非営利企業《アソシエーション》などでの有期限（三カ月から二四カ月）雇用。

〔8〕強化雇用契約（CEC）
CESを終え、一般労働市場での雇用確保ができない者を対象とする、公共団体や非営利企業《アソシエーション》における雇用契約。

〔9〕オールー法
企業内における労働者の権利拡充を目的とする一連の法律を、当時の労働大臣の名をとってオールー法と呼ぶ。同法は、労働問題の企業内労使交渉による解決を促進しようとしたものであり、賃金と労働時間に関して労使交渉を毎年行なうことを義務づけたが、すべてを労使交渉に委ねたために、労使間交渉は進展しなかった。

〔10〕市民権所得
基本所得とも呼ばれ、すべての人に個人単位で資力調査なしに無条件で支払われる所得である。フランスの社会編入最低所得は、この市民権所得に近い性格を有している。

〔11〕労使関係近代化法案
ジョスパン内閣は二〇〇一年の国民議会に、労使関係を中心に医療、連帯、社会保障などの問題をカバーする労使関係近代化法案を提出した。この近代化法案には、大企業を対象とした解雇規制強化条項が含まれており、経営者団体（MEDEF）はこれに激しく抗議したが、二〇〇一年一二月の国民議会で可決さ

れた。二〇〇二年の国民議会選挙の結果成立したラファラン内閣は、労使関係近代化法修正法を国民議会に提出し、解雇規制の緩和を実現させた。

〔12〕社会復帰促進企業

非営利企業《アソシエーション》が長期失業者やＲＭＩ受給者などと最大二年の労働契約を結び（最低賃金の保証）、同時に彼らの一般的労働市場への参加を支援する。

第六章

欧州連邦とより公正な世界の中で
フランスの諸制度を再構築する

Ⅰ　第六共和制に向かって

社会は、経済的諸関係や単なる個人の利潤追求によって支配されてはならない。どんな意見も表明でき、多数の意思が考慮され、少数意見が尊重される枠組みの中で自由に表現される共同の意思こそ、社会を動かしていくべきものであり、そのように考えるすべての人にとって、制度を組織化し民主主義を機能させることはきわめて重要な問題である。

公的生活の民主化や権利平等をめざす改革（男女同数法、市民連帯契約、投票の様式や地域区分の改革、議員の兼職の制限、等々）は、ジョスパン左派連立内閣の成果の中でもっとも評価されるものである。とはいえ、まだなすべきことはたくさん残されている。こういった改革の野心は右派の支配する上院の抵抗によって妨げられてしまったが、上院の選挙のやり方（農村編重的性格の強い間接選挙方式、任期は九年で三年毎に三分の一が改選される）のために右派の支配が変わる見込みはない。だからこそ、二〇〇二年の六月に複数左翼が勝利するならば、社会の民主化をめざす企画を仕上げるために、制度に関する国民投票が国民議会任期の最初の六カ月の間に実施されなければならないだろう。本章で展開される論点は、この国民投票に関わるものである。

社会を公平に代表することで、諸制度はより適切なものになる

・外国人居留者全員の、地方選挙への投票権と被選挙資格を認めさせる。複数左翼によって二〇〇〇年五月三日に議決された、緑の党の議員提出法案〔フランスに五年以上生活している外国人に対して、地方選挙と欧州議会選挙の投票権を認める法案〕は頓挫したままであるが、国民投票に委ねられる提案にそれを組み込むべきである。

・公務の兼任に反対する。兼職はせいぜい二つまでとする。フランスに特有の公務の兼任は、資格保持者が公職を行使することや、一致協力して民主主義を進めようとする政党の能力を妨げてしまう。最善の解決策は公職を一つに限定することであるが、当面のところは、公務の兼職を二つに抑えるべきだろう。他方、大臣になった議員は、内閣を去るときは国民議会の議席を取り戻すことができなければならない。しかし、議会の影響力から内閣を守りたいというド・ゴールの意図を受け継ぐ現在の規則――それは「ナポレオン信奉者的な」第五共和制観に由来している――によって、それができなくなっている。

・公職の更新を制限する。同一の資格保持者によって継続的に遂行される公職数を制限することは、いかなる代表レベルにおいても、健全な民主主義が機能するための条件である。一九八〇年代初頭から見られる、フランスの代表制の懸念される老朽化の理由の一つに、おそらく、この領域に規則がないことが挙げられるだろう。一九八二年には労組代表や政治的代表の平均年齢が四五歳であったが、今日では五九歳である。選挙によって選ばれた公職の数が三つだとすれば、その更新は二つまでにしよう、と緑の党は提案する。

・選挙によって選ばれた役職の任期をすべて五年に制限する。この提案は、前述の三つ以上の役職の継続禁止と一体になっているので、例えば、同じ役職を連続して一五年以上行なうことができなくなる。

・議会が社会を代表できるように、比例投票を導入する。現行の多数決投票は、社会に存在する政治的諸勢力が公平に代表されることを保証しない。比例投票に反対して多数決単記投票を推し進めようとする議論は、受け入れることができない。多数決投票のおかげで政府は安定過半数を確保することができる、という安定性論があるが、実際に一つの党が単独で過半数を獲得したことは一九五八年以降なく、これまで政府はほとんど、多少とも安定した政治的連合を基盤に置いてきた。だが、保革共存政権《コアビタシオン》は、二つの行政権の長と長〔大統領と首相〕の絶えざる闘争をもたらすきわめて不安定なもので、保革共存政権はフランスが経験したもっとも不毛な体制の一つになってしまっている。

ところで、多数決投票の場合、当選者は有権者によって選ばれるが、比例投票の場合は政党によって選ばれる、という議論は偽善的である。というのもそれは、党の支持がなく、それゆえ党に選出されないで下院議員に選ばれることなど、ずっとありえなかった、という事実を無視しているからである。それゆえ今や、社会を体現していると主張する政治的代表と社会の現実とのきわめて大きな隔たりを解消するために、比例投票による国民議会選挙を確立すべきである。われわれは、ドイツで実施されている様式からヒントを得た比例投票様式を導入することを勧める。われわれのドイツの方式は、選挙区ごとの投票方式の長所と完全な多数決投票方式の長所とを結合できるようにするものである。いずれにせよ、現在、社会主義政党が考えているように「比例の割合」を導入するだけでは、社会の最終的な民主的代表の道に一歩踏み出すことができるにすぎないのである。

第五共和制の諸制度を根本的に改革する

・国会と行政権の関係を均衡なものにする。

フランスの制度は、もはやこの国の機能を効率的かつ民主的に進める枠組みになっていない。恒常化した保革共存《コアビタシオン》政権は国家の機能麻痺を引き起こし、政治不信の一因になっている。互いに骨抜きし合う手段をもつ、首相と共和国大統領との共存という不合理さに決着をつけるには、共和国大統領の権力と地位を根本的に改定して、首相が国会の統制の下で実際に統治と行政の長としての役割を果たせるようにしなければならない。国会の統制下にない共和国大統領は、憲法上の平衡を保証する者であって、統治行動を日常的に行なう者ではないのである。

・共和国大統領の権力と地位を根本的に改める。

過去の遺物である、ナポレオン主義的な大統領権力観の名残を残す憲法第一六条[1]を廃止する。共和国大統領が閣議を主宰する、という憲法第九条も廃止する。憲法第一三条を修正して、国会に対して行政行為の責任を唯一負っている首相に、高級官僚（知事、中央行政機関の長、大使、公共施設の長、等々）の任命権を与える。共和国大統領の「留保領域」やそれに類似する地帯（フランス領アフリカ）を廃止する。恩赦の権利を、新しい法的手続きを再開する権利に置き換える。共和国大統領の刑法上の地位（憲法第六八条）を修正して、大統領の職務遂行行為だけに付与されている裁判上の特権を制限する。

・法律の作成プロセスを改善する。

国会発議の法案や討論に費やす議事日程の割合を多くする。国民議会の常設委員会の数を一〇に増やし、それらが行なう審議により大きな役割を与える。委員会で可決された法案の基本部分について、公的会議で討議する。委員会でなされた議論を公開することを保証する。憲法第四〇条と第四九条第三項によって国会議員の法案修正権に設けられている制限を撤廃する。

・上院を改革する。

上院を地域圏（隣接するいくつかの県からなる広域行政圏）と地方自治体共同の代表から成る院にしようという改革が検討されることになっている。地方自治体の組織や国土の整備・開発に関する法案に限り、そのように再編成された上院が立法過程に介入する。

・国会による行政の統制を強化する。

首相は、内閣任命についての信認投票を国民議会で行なった後、引き続き、全般的な政策を公表しなければならない。国民議会の委員会の数が多くなれば、とりわけ各大臣が担当省の活動総括を発表するのを毎年聞くことによって、行政の行動がもっと適切に統制されるようになるだろう。この動きは、特にフランスの外交政策に関して強まっている。現在、政府の権限下にある監視組織（財務監督局、行政監督局、会計監査院、社会問題監督局）も、やたら増えてしまった独立行政機関も、国民議会の統制下におかれることになるだろう。

・憲法評議会を真の憲法裁判所に変える。

憲法評議会は危機に陥っている。憲法評議会を「行政の番犬」という当初の地位から真の憲法裁判所へともっていこうとすれば、修正が必要になる。

―その構成を変える。直接普通選挙で選ばれた国会議員だけの圧倒的多数（例えば、四分の三または五分の四）によって、構成員を指名する。任期は九年とし、三分の一ずつ入れ替えることによって中立性を保証する。

―手続きを変える。透明性が必要であるから、審議を論争的にし、一部を口頭弁論にする。また、報告書を分かりやすくさせ、法廷と少数意見の公開を保証する。他方、過度の個人攻撃を避けるために匿名が守られるよう望むことができる。

―提訴について。提訴は市民全体に広がっていくべきである。それはとりわけ違憲性の抗弁によって行なわれるが、違憲性の抗弁は、裁判を受ける者が訴訟の際に何らかの裁判所に訴えるものである。裁判を受ける者は提起された問題を憲法裁判所に提訴することができる。

直接民主制の表現を推進する

市民の発議による住民投票制度を、公共団体のあらゆるレベルで進めていくべきである。市民投票に委ねる問題を住民の関心にマッチさせるために制度の組織化が行なわれるが、そうすることで、投票に対する参加資格が代表性を保証することになるだろう。憲法評議会の直接提訴の可能性と連動する、市民の発議による住民投票制度のおかげで、市民は従来よりも効果的に共通法の制定に関わっていくことができるだろう。さらに、法案提出権が市民に与えられなければならない。五〇万人の市民によって署名された法案はすべて、自動的に国民議会の議事日程に組み入れられるべきである。

地方民主主義の条件をつくり直す必要がある。誰もが思っていることだが、わが国の行政組織はもはや、市民の日常生活の現実やサービスの必要性に合っていない。われわれが労働や自己形成、子供の教育、買い物などのために動き回ったり、飲料水の供給とかゴミ処理のサービスを受けたりする地理的領域は、一般に、三万六六〇〇にのぼるフランスの市町村の境界と密接に関わっているわけではない。フランスでは、郷《くに》〔生活空間に合った大きさで、地理的もしくは文化的にまとまりのある地域〕や都市圏の再編成が始まっている。郷や都市圏の権限が大きくなれば、再編された市町村の審議会や行政決定機関が普通選挙によって選出されることが正当になるだろう。これは、市民が実際に地域計画や課税、実施された行政に意見を表明できるようにする唯一の方法だと思われる。投票は、市民がうまく理解できるように、地域選挙全体と合ったやり方で行なわれるべきだろう。

民主主義は、少数意見を尊重することでもある。国民議会と同じように、地方自治体全体に適用可能な野党規定が採択される必要がある。

民主化することはまた、わが国の地域の文化的多様性を尊重することでもある。欧州地域語少数言語憲章〔一九九二年に欧州評議会で採択された多言語政策〕の批准をめざす法案を、国民投票に委ねられる憲法改革の一部にすべきである。

さらに、地方税制を、より公平で納税者にとって分かりやすいように改革しなければならない。要求される納税額が何によって決まり、また地域計画に描かれている提案にどのように使われるのか、ということが市民に理解できるように、地方税制を改革していく必要がある。

Ⅱ　もう一つの移民政策――権利と市民権の平等

移民の流れを再考する

「全世界的に外国人が増えている！」。グローバル化、生まれ育った社会の解体、自然破壊といったことのために、移民は増加の一途を辿っている。二つの世界大戦後、荒廃した土地に人を住まわせ低廉な労働力を見い出さねばならなかったために、フランスは移民が領土に住み着くのを放任していたばかりか、移民労働局（ＯＭＩ）の支部を通して、マグレブ諸国などへ労働力を探しに出かけることさえしていた。

黄金の三〇年間〔大量生産と大量消費の相互作用によって高度成長が実現された一九四五～一九七四年の三〇年〕に雇用主は、いわば移民政策のようなものを選択した。そのため移民労働者は、危機と失業の間もずっと、国民に見捨てられた重要な部門で経済を回していくことができたのだった。特別在留許可の存在が示すように、今日でも移民の国境が一部のカテゴリーの労働者に開かれている。

移民の流れを全面的に管理することは至難の業である。それゆえわれわれは、国境封鎖政策と手を切った別の政策を展望したいと思っている。そのような枠組みにおいて、緑の党は、すべての外国人居留者が共同体的空間の中で移動し居住する自由を支持する。そして、移民の受入れや保護を保証し、出身国との連帯や協力、ならびに人格の尊重に基づく統合を進めていくような、国境開放について検討したいと考えている。

居住市民権

今日、フランス共和国における外国人の地位は脅かされている。一〇年の滞在許可が骨抜きにされ、外国人が望むことのできる地位や資格が制限され、家族との再会を妨げるビザ政策が組織され、国籍の出生地主義またはフランス国籍取得に制約が設けられるといったように、各種の移民政策は、安定要因になりうるものすべてに攻撃を加えている。それだけにますます、彼らの状態は不安定になってきている。

にもかかわらず、移民はフランスに定着して根を下ろし、権利の不平等に立ち向かっている。複数左翼が政権に就いて大きな希望が呼び起こされ、許可なし滞在者の正規化を求める市民運動が起こったことで、彼らは大いに励まされたようだ。

とはいえ、ジョスパン政府がとった法案や措置は明らかに近視眼的な政策であった。一九九七年のシュヴェヌマン法〔入国および滞在に関する法律〕とギグー法〔国籍に関する法律〕によって、家族で住む権利や帰国・再入国の自由の改善などの点で一定の前進が見られたものの、持続的で一貫した開かれた法的措置の実施をめざす全体的な政治的企画の意志は欠如していた。緑の党は、中断された以下の四つの問題に決着をつけたいと思う。

・許可なし滞在者の合法化について

ジョスパン政府は、一九九七年六月二四日の通達によって許可なし滞在者の合法化手続きを開始したが、通達で定められた条件やその適用基準にきわめて多くの制限があったために、大多数の許可なし滞在者が密航や不法労働や麻薬販売などの温床である非合法の世界に放置されることになった。緑の党は、許可なし滞在者を合法化することや、戦後の移民政策の土台となった一九四五年の政令を改正すること、正規でない入国・滞在に関連する違反を処罰対象から外すことを提案する。

・二重の罰について

近年の許可なし滞在者の追放は、何人も同じ違法行為で二度罰せられてはならないというフランス法に抵触するもので、撤廃されるべきである、とわれわれは考える。

・亡命権について

フランスでは最近、適用制限や例外規定が設けられて、亡命権がきわめて軽々しく扱われるようになった。緑の党は、避難を求める者に労働許可を与えたり、亡命権にとって明らかに足枷となっている待機地帯を廃止したりして、難民の移住・定住・権利に関するジュネーブ条約〔一九五一年に国連で採択された「難民の地位に関する条約」〕をすべての人に適用することを主張する。

・EU以外の外国人の投票権と権利の平等について

フランスは今や、あらゆる選挙の投票権および被選挙資格をもつ国民、地方選挙と欧州選挙の投票権および被選挙資格をもつ欧州人、EU以外の外国人居留者という、三つの階層に分けられている。緑の党は、EU以外の外国人居留者が地方選挙と欧州選挙の投票権および被選挙資格をもつこと、そして労使調停委員選挙の被選挙権をもつことに賛成である。同じ考え方から、優先雇用〔身障者・戦争被害者に確保された一定の職〕を含む公共と民間のすべての雇用に国民と外国人が平等にアクセスできることにも賛成する。

ＥＵの枠組みにおける国籍と切り離された居住市民権を、緑の党は支持する。ＥＵに居住する人はすべて、その国籍を問わず欧州市民であり、欧州市民として同じ権利（投票権、通行権、入居権、労働権）と義務を有する。緑の党は、必要な法的措置を待たずに、外国人居留者の都市生活への参加を促すあらゆるイニシアティブが実施されることを歓迎する。また、国籍条項における出生地の権利に戻ることやフランス国籍の取得を容易にすることを支持する。フランスとＥＵを外国人の権利と受入れの地にしたい、と緑の党は願っている。

Ⅲ　共和国の領土を再編し、国家を改革する

地域的で分権的な組織改革

フランスは分権化の問題に取り組むことができなかった。今もわれわれは、全国レベルの政治的代表で独占され、その頂点に共和国の「唯一不分割」性の化身であるフランス共和国大統領がいる、という統一的国家として設計された国家構成の下で生きている。といっても、この描写はフランスの現実と合致していない。フランスでは、ずっと以前から市町村の自治が存在しているし、特に一九八二年と

一九八三年の分権化法案によって新しい地方自治体が誕生し、憲法評議会が「自由な行政」の権利をそれら地方自治体に承認しているのである。

しかし、中央レベルと分権化された地方レベルとの間で権限をどのように分割するのか、はっきりしていない。憲法が改正されることはなく、法律や憲法評議会の法解釈によって権限のあり方が定義されるより他なかった。われわれは、国家、地域圏、県の間で分割された権限や、これら三者間で複雑に配分される資金の下で生きているが、誰が何に責任を負うのか、分かっている者はいない。民主主義的統制や政治的責任を明確化することができない状態にある。

「主権」に関する現在の論争では、欧州問題だけに注意が集中しており、少なくともそれに劣らず重要なフランスの国内編成の問題には触れられないままであるが、これは驚くべきことである。主権は確かに他の誰にも支配されない権利である。また、われわれが理解しているような民主主義においては、それは何よりも、市民が共同で共通法を決定し実行に移すために代表を選挙で選び、代表者が実行しないときに彼らを処罰する、という権利と可能性である。そのためには代表者が何に責任を負っているのか明確になっていなければならないのだが、それは今日の人々の関心にない。このことは、われわれが経験している政治的危機の主要な要因の一つである。

だからこそ、分権化の新段階が、また、国家と地方自治体の権限をはっきりさせる根本的な憲法改正の時期が来ている、と思われるのである。国家と地方自治体の権限を明確かつ正確に定義し、それを憲法の中に書き込む時が到来している。

フランスは単独で、ＥＵの他の一四カ国全体の市町村と同数の市町村を抱えているが、行政がうまく行なわれているわけではない。フランスは、四つのレベルの地方自治体（市町村、広域市町村、県、地域圏）を何とかまとめてきたが、これら四つのレベルの権限はきわめて複雑に絡み合っており、財源は不公平に配分されている。三万六五〇〇の市町村の大部分には技術力も財政力もない。また、自治体が直面する課題に立ち向かえるような政治的安定性も力もない。このような不都合だらけの制度をこのまま維持しなければならないのだろうか？　それとも、より分かりやすく透明な制度、つまり、市民にとってもっと民主的で、選ばれた人の責任がはっきり確認できるような制度を探究すべきだろうか？　選ばれた代表が身近な存在に対して抱く愛着はよく理解できるが、絶えず先送りされてきた根本的改革を実現することに彼らがより大きな満足を見い出すだろう、と緑の党は考えている。

基本的な政治的・行政的階層の再編成

都市圏または郷《くに》と呼ばれているおよそ数百の地方自治体を再編成する必要がある。二段階選挙を終わらせて、それら自治体の代表を政治的少数派の代表と共に直接普通選挙で選ぶようにする（今日、三五〇〇人以上の住民を抱える市町村の議会で実施されているように）。現行の市町村は、絶えず自発的に再編されていくことを条件に、都市圏または郷の下位におかれるが、一部の近隣向けサービス（戸籍、特に社会扶助）は従来の市町村（あるいは統合された市町村）のレベルに残される。

現在の地域圏と県の権限を再編成する。現行の県は地域圏の下位区分となり、県によって市民のために行なわれている現在のサービスはその原則の中で維持されることになる。しかし、政治的代表のレベルとしての県は廃止することが望ましい。国家の公的機関は原則として、例えば地方産業環境調査局

（DRIRE）のような一部の公的機関がすでに存在しているのであるから、地域圏よりも下の階層をそのまま残すようにし、地域圏における国家行政全体を地域圏の長官の権限下に置くことにする。この再編成には、とりわけ経済や環境、教育、文化、交通の分野における地域圏の活動が強化されていくように、地域圏を利するかたちで権限が分権化される、という新しい改革の波が伴わなければならない。住民および彼らに選ばれた人の要望や歴史的・文化的現実から見て必要と思われるところで、地域圏の再分割が行なわれていくだろう。

ジョスパン首相は、マティニョン〔首相府〕に主義主張を異にするコルシカの代表者を集めて、一定の自治権をコルシカに与える計画案について協議しているが、まもなく同意を取りつけて、コルシカ地位法案〔コルシカ議会への部分的な立法権を付与し、コルシカ語教育を全般化しようというもの〕を国民議会の採択にかけることになるだろう。[2] 欧州地域語少数言語憲章を批准できるように憲法第二条第一項〔「共和国の言語はフランス語である」〕を修正するならば、わが国の言語的多様性が認識され、その豊かさが保存されていくだろう。

さらに、地方税制についての議論はいまだに中途半端なままであるが、緑の党は、補完的で矛盾しない次のような二つの原則をはっきり選択している。

―自治体の各レベルにさまざまな資金を割り当て、選挙で選ばれた代表の財政責任を明確にする。

―生活の場における公正を高めていく。つまり、税による再分配という連帯メカニズム（現在、きわめて不十分である）の割合を強化していくべきで、「地方税制の自由」を賛美し過ぎてはならないのである。

国家を改革する

フランスでは、国家は嘲笑の対象であると同時に称賛の対象でもあって、現にあるものとして真剣に考察されることは稀である。国家は、機能がどんどん低下している大型の行政機構である。政府活動を麻痺させてしまった保革共存政権の繰り返しと政治的責任の放棄という状況にあっては、国家は業界団体や労使と行政機関が対決する闘技場と化しており、団体も行政機関も一般的利害は自分達の方にあると思っている。

公務員は多すぎないが、必ずしも必要とされるところに配置されているわけではない。衰退しがちの部門を担当するきわめて古い中央行政機関は異常なほど肥大化しているのに、新しい行政機関は最小限機能させていく手段にも苦労している。また、パリには公務員が多すぎるほどいるのに、地方では不足しているし、経済・財政・産業省の公務員はその効率性が問われるほど多いが、保健・家族省や社会問題・労働・連帯省あるいは環境省には十分な人員が配置されていない、といった有様である。

国立行政学院（ＥＮＡ《エナ》）を創設した人々は、省庁間を横断する公務員の養成を願っていた。少なくともこの点から見れば――おそらく他の点でもそうだろう――、エナの教育は失敗している。エリート官僚集団が省庁を支配していて、市民は、多数の決定の背後に隠された実際的利害を何も知らないのである。

だが、現行の団体利益主義《コーポラティズム》を簡単な措置で打破することができる。公務員の報酬体系を透明にし、省や所属団体のいかんにかかわらず、同じ等級には同じ報酬を適用する、という仕方で手当を月額給与に統合するのである。財務省で働いていようと、農業省や環境省で働いていようと、土木局とか鉱山局の上級行政官や技師であろうと、次長あるいは局長の所得は同じでなければならない。

国家のエリート官僚集団の構成と組織は、もはやわが国の行政上の必要に合っていない。もはやほとんど鉱山開発をしなくなった国で、鉱山技師がいったい何の役に立つというのだろう？　古くなった機構を、行政の新たな使命に適応したものに刷新していかなければならない。国家の行政機構はメキシコの軍隊にやや似ていて、幹部が多いのに歩兵が僅かしかいない。今後の補充人事は、実際に動かしているのは歩兵達であるという点を考慮に入れて行なうべきである。また、等級の低い公務員の待遇を、報酬ならびに昇進の見込みについて改善していく必要がある。

政府はその機能様式について再検討しなければならない。書類の大部分は省庁間を横断しているが、だからといって、それらが首相官房によって正しく取り扱われているわけではない。政府の行動能力が急速に衰退してきているのは、誰の目にも明らかである。大きな介入分野毎に中心となる大臣を任命して、その権限内で彼らに決定と調停の真の責任を与えることが必要である。首相が介入するのは、特に大きな執拗な不一致が出てきた場合だけである。このような条件においてこそ、抵抗勢力や力の強い者が優位に立つことを許す現在の無責任体制から脱却することができる。また、地方分権化が実質的な意味で進展し、地域行政が実質的に組織されることができるようになるのである。

さらに、国家は自らを分権化し、地域圏および地方のレベルに責任の執行を委ねなければならない。経済・財政省はこういった方向を妨げる第一の要因であるが、妨害するのは経済・財政省だけではない。どの中央省庁も、政策作成と統制というその本来の役割に専念しないで、すべてのことに介入しようとしている。

フランス海外県と海外領土の将来は住民自身が決める

フランス本土から数千キロメートル離れた海外県は、植民地主義や飛び地経済のマイナスの帰結、消費社会の「歪んだ発展」による否定的影響が積み重なっていることで特徴づけられる。そこでは、不平等な交換が徹底してまかり通っている。農業は、食糧目的の地方生産が軽視されているために、南の諸国との競争が激しい部門に集中してしまっている。また、サービス業と観光業が突出しており、住民による経済的創意や活動の創出は有力な私的利権によって阻止されている。

失業も多く、多数の人々は生計を社会編入最低所得（ＲＭＩ）で辛うじて立てている。その上、社会住宅（日本の低家賃公団住宅にあたる）が不足していて、劣悪な居住条件のスラム街があちこちに点在し、一部の地域住民はきわめて悪い健康状態にある。エネルギー政策の面でも、積極的な実験（太陽光発電、風力発電）を別にすれば、いまだに輸入化石燃料への依存や浪費が目立つ。公共輸送機関はたいてい無秩序で無統制であり、海外領土の都市は車の渋滞で麻痺状態にある。

こういったほとんどの海外領土の状態が本国側から注目されることはまったくなく、沿岸地帯、生物多様性、森林は著しく破壊された状態にある。農業に起因する汚染やあちこちで見られる劣悪な衛生状態がフォーナ（一定地域に生息する動物の全種類）やフローラ（一定地域に生育する植物の全種類）を脅かしており、また、水不足も顕在化している。暴風雨や台風の予防対策が向上したとはいえ、地震や噴火によるリスク――潜在的に恐ろしい――の衝撃、とりわけ中心都市に及ぼす衝撃が算定されるようになったのはごく最近のことにすぎない。

文化的にも、言語、地域の伝統といった共同遺産の重要性が十分に考慮されることは久しくなかったし、周辺諸国との絆も数十年の間に徹底的に破壊されてしまった。

しかしながら、これら海外領土の経済的、文化的、人間的資源はもう一つの発展可能性をもっている。ますます高い教育を受けるようになった数多くの青年層が新たな発展のイニシアティブを担っており、移民の共同体が資格と能力の「貯水池」となっているのである。それでも、縁故主義や腐れ縁によって実業界と深く関わる政治的階級を入れ替えたり、持続的発展を進める市民社会を促したりする、制度的枠組みや方向づけをする必要が依然として存在する。

住民の要求があれば、どの海外領土も独立する権利がある、ということを緑の党は支持する。独立の要求がないところでは、「フランス共和国の枠組みの中での脱植民地化」や、それらの海外領土が地域的・自然的な地理的環境に組み入れられることをめざして闘っていく。いずれにせよ緑の党は、経済的・社会的・文化的・財政的・民主主義的主権のますます大きな空間を徐々に奪還していくために行動する。

緑の党は、レユニオン島〔インド洋西部の海外県〕以外の海外領土で、大規模行政が簡素化され県制が廃止されることを求め、経済や環境、教育、司法、公的秩序、近隣諸国との協定に大きな権限をもつ単一議会が開かれることを提案する。

公務員職、とりわけ上級職ポストの七五％までが、地域住民に開かれた独自の地域選抜試験によって採用されなければならない。

土地改革によって、質の高い生産に必要な土地を農民が自由に利用できるようにする。

銀行制度や地域貯蓄機関には、資本リスクに向けられた根本的改革や、長期的な経済計画への援助が必要である。自然環境を尊重した手工業や観光業を推進していくには、特別の努力が不可欠である。公共交通機関や沿岸運輸のための緊急計画が決定されなければならない。

海外県の島嶼的な生態系や森林を環境法典や農事法典の独自の章の対象とし、沿岸法、山岳法、森林法を制定することが必要である。また、レユニオン島の環境——沿岸部や山岳地帯——のさまざまな自然破壊について広範に監査することを提案するが、それは、水の質や衛生、大気・土壌・海の汚染に関する持続的な開発憲章につながっていくだろう。緑の党は、ギアナ国立公園の実現、ならびに不法な砂金採取に伴う公的秩序問題の調整を要請する。ニューカレドニアに関し緑の党は、早急に人類の世界遺産に登録してサンゴ礁を保護し、産業誘致の厳格な統制によって島の第一の富である環境を尊重した開発がなされるように望んでいる。意見を交換し合うことから運命共同体への本物の願望が生まれてくる。そのためにも、カナク人〔ニューカレドニアのメラネシア系先住民〕の正統な要求が真の議論の対象になることを、緑の党は強く希望する。

Ⅳ 連帯と民主主義の欧州を構築する

あらゆる主権擁護論者への共鳴が広がっているが、それは、市民の欧州である前に市場の欧州として構想された官僚主義的欧州の構築に対するわれわれフランス人の懸念を示している。だが、〔直接的あるいは民主的に選挙された代表を通じて法を制定し、その施行を統制する人民の権利としての）人民主権の行使は、フランスの行政機構と地方分権化の所で指摘したように、ＥＵ当局の干渉よりもむしろわが国の国内組織の混乱によって脅かされているのである。

われわれは、欧州が巨大な単一市場、つまり、世界貿易機関（ＷＴＯ）の破壊的影響を増幅させる自由貿易ゾーンでしかなくなることを拒絶する。だからこそ、欧州人の意思を確認しそれを尊重することや、アメリカの一国主義とその全面的支配の意思を抑制できる、政治的で民主的な欧州を構築していくことが、きわめて重要になるのである。

権力の分割、連邦主義、サブシディアリティ（中央機関や上位組織の介入を制御し、地方自治体や下位組織の自律的意思決定による問題の解決を尊重する統治形態）の原理によるＥＵの民主化は、欧州構築に対する政治的影響力を市民に取り戻させるために最優先すべき目標である。

欧州は必要であると同時にチャンスでもあるが、それが存在し構築されるには民主的革命が不可欠である、と緑の党は考えている。民主的革命が遂行されて初めて欧州は、持続可能な発展や平和をめざす行為主体のゾーンになることができるだろう。だからこそ、すでに文化的、歴史的、経済的現実である欧州に政治的・民主主義的現実を与えることのできる、主権の共有が正当化されるのである。

二〇〇〇年のニース条約（欧州理事会で意思決定方法をめぐる制度改正が行なわれ、特定多数決の対象分野の拡大や欧州議会の議席数の再配分、「より緊密な協力」の導入などについて合意した）は失われた機会であり、失敗であったと言えるだろう。しかし、この失敗は、採られた方法の中に含み込まれていた。もはや欧州の建設は、構造基金（ＥＵ内の国や地域の間の経済格差を是正するための支援措置で、現在、欧州地域開発基金、欧州社会基金、欧州農業指導保証基金、漁業指導財政手段の四つの構造基金がある］の僅かな増額や共通農業政策（ＣＡＰ）による奨励金に反対して、欧州議会や閣僚理事会で投票権の配分について長々と交渉するような、幾人かの専門家で推し進められてはならない。人々はそのような方法を拒否しており、いつもの密室でうまくやることなど、もはや許されていないのである。

各国民議会、欧州議会、欧州委員会、閣僚理事会を連結するような、真の憲法制定過程が導入されなければならない。要するに市民は、欧州憲法草案に関して国民投票で意見表明することによって勝利を収めるべきである。われわれの考えでは、この憲法は、欧州議会にもっと大きな権限を与え、社会的・文化的事項の重要性を認め、真の欧州市民権を制定するような、サブシディアリティ原則に立脚した欧州連邦に進んでいくことを可能にするものでなければならない。欧州に反対する人々は、連邦制の脅威を盛んに振りかざして怖がらせたり、政府間交渉の比重が大きいことを特徴とする今日の状態が続くよう要求したりしている。彼らの目から見れば今日の状況は、わが国の「国民的利益」、つまり、一般的に定義されない利益の擁護にとって好都合なものなのだろう。実際、ＥＵが組織される現在の枠組みは不都合だらけである。閣僚理事会が欧州の立法権と行政権の両方に参加しているために、この枠組みには権力の混同がある。また法案は、加盟国の閣僚達の間でしばしば非公開の秘密交渉によって練り上げられるのであり、そこでの取引は不透明で、何故それが同意されたのか、大義名分としての国民的利益が説明されることはめったにない。

その上、各国民国家には数々の分野で、アメリカ合衆国のような真の連邦国家――連邦権力の介入権限が連邦国家の憲法によって明確に制限されている――よりもしばしば多くの制約が課せられている。例えば、ＥＵ加盟国のうちの一国が単独で環境保全に有効な財政措置を講じることは協調財政政策によって禁じられているし、また、九月一一日のテロ事件以後、労働権や外国人を受け入れることよりも、抑圧の欧州の方がはるかに急速に推し進められることになったのである。
それゆえ、われわれは次の四点について提案を行なう。

権力の分割、サブシディアリティ、民主主義に基づく連邦制欧州のために

・特に共同体の予算額を引き上げ新しい財源を拡大していくための予算決定の手続きについても、欧州議会の決定に加え、あらゆる分野の閣僚理事会で特定多数決をとることを一般化する。
・共同体の各機関の権限を明確にする。
・欧州憲法草案を国民投票によって採択する。
・欧州における難民の手続き、権利、受入れ条件を統一し、難民に関する欧州法をジュネーブ協定の実行原則に従って定める。

外交政策と共通安全保障政策

・統合政策の段階的決定という点から、共通外交安全保障政策（ＰＥＳＣ）審議会の主席代表と欧州委員会との一貫性ならびに権限の明確化を進めることを目的に、国際的リスクの分析や紛争の防止について強化していく。
・ＥＵ加盟諸国の領事館組織を統合・合併する。

・ＥＵと第三世界諸国との連携協定には、違反した場合に制裁措置を発動する人権条項が含まれるべきである。

持続可能な発展

・持続可能な発展を欧州公共政策の横断的原則として組み入れる条件について明らかにする、指導的枠組みを提起する。
・環境の質および保護を尊重する生産方式を促すために、経済援助による環境調節メカニズムを進めて共通農業政策を新しい方向に誘導する。農村で多様な活動を発展させていくために、この経済援助をさまざまな対象に広げる。
・自然環境の保護と管理をめざす構造基金を増額する。
・ユーラトム（欧州原子力共同体）をＥＵ条約に組み込み、欧州議会の統制下におくことを提案する。
・エネルギー消費の抑制に関するＥＵ指令――このＥＵ指令は、再生可能エネルギーに関するものと同様に、自発的目標を掲げている――の提案を具体化していく。
・持続可能な発展への欧州支援政策を一貫したものにする島嶼憲章を作成して、島の特性について考える。
・欧州とフランスは熱帯林の輸入制限に率先して取り組まねばならない。持続可能な森林経営を保証するために、森林保証書を一般化させる。

経済的、社会的、財政的な欧州

・とりわけ、世界の経済情勢の不確実性に的確で協調的かつ迅速に対応するために、共通戦略を作成する欧州経済政府を創設し、経済情勢に対応する共通活動基金を設ける。
・公共サービスについての欧州的な考え方を採用する。公共サービスは将来のEUにおける社会的・地域的統合を保証するという認識に立って、その役割を規定する指導的枠組みを提案する。公共サービスの民営化はすべて凍結すべきだろう。
・雇用創出に関する野心的な量的・質的目標を設定し、労働時間の短縮による完全雇用の回復という欧州戦略の枠組みや、最低所得保障の原則、社会的・連帯的経済のための法的・財政的枠組みの中で、実質賃金の均等化メカニズムを実施していく。
・欧州社会契約の枠組みの中に、社会的なものと経済的なものとの公正な関係を確立させる。契約による規範の採択を促すために欧州での社会的対話を強化していくが、必要な場合に限り法的・規制的手段に訴えることを禁じるものではない。
・企業の合併・買収に関する欧州委員会の審査にあたり、社会的・地域的影響を基本的与件として最終評価の中に組み入れる。
・法人および資本に対する課税を皮きりに、税制上の均衡をさらに大きく進めていく。
・特に欧州内の租税回避地を廃止するために、EUの枠組みの中で行動する。
・欧州議会は、直接共同体税の徴収――直接共同体税は共通利害の問題を調整しようという意志の表現であり、国税から差し引かれる――について可決することができる。

・投機的な金融資本にトービン税〔ノーベル賞経済学者、トービンによって提唱された、通貨市場の投機的取引に対する課税〕を課する。

V　地球を統治する

ブローデルやマルクスがずっと以前から明らかにしているように、市場開放に向かう絶えざる拡大が、経済の支配的諸形態の動きである。世界貿易が著しく後退し、各国の国内総生産に占める輸出割合が著しく減少していた両大戦間の時期は例外だったが、その後、ふたたびグローバル化が進行した。だが、現在の経済が一九世紀末頃よりも南に開かれているとは言えない。

金融による世界支配

いわゆるグローバル化は、他のあらゆるものに対する金融の支配という原理によって特徴づけられる。膨大な量の資本が最大の収益性を求めて地球を縦横に循環しており、資本の所有者は企業と貿易に要求を押し付け、諸国家を競争状態に置いて賃金と社会保障の削減を強制している。

世界貿易はもはや、生産の補完性とか比較優位によって正当化されるのではない。同一財の交換が世界貿易を支配しており、世界貿易の三分の一を親会社と子会社の間の貿易が占めている。また、外国投資は依然として北の諸国といくつかの新興諸国に集中しているが、それは、世界的な生産組織による統合が進んでいるということである。グローバル化は、限られた生産拠点の海外移転をもたらしているにすぎないのである。

きわめて低いエネルギー価格が無際限な貿易を可能にし、貿易の拡大を進めている。ミネラル・ウォーターからワインボトルまでが大西洋を渡り、ブルキナやケニヤで収穫されたインゲンマメが欧州に空輸され、大西洋で捕獲されたマグロはタイに送られ、箱詰めされてから欧州のスーパーマーケットに運ばれる……。

一九七一年にアメリカで始まった金融の自由化と共に世界貿易が増加している。当時アメリカは、膨大な貿易赤字のために金とドルとの交換の停止を一方的に宣言し、変動相場制に移行した。それ以後アメリカは、世界の他の諸国にもこの新しいルールを課し、自国の目標に合わせて金融政策を運営することができるようになった。次いで資本移動の自由化のおかげで、アメリカは自国の赤字をより容易に埋め合わせたり、多国籍企業の活動空間を統一したりすることができるようになった。

もっとも豊かな諸国の政府によって組織されたこの自由化のメリットがいつもあるとは限らない。金融の自由化は、全期間にわたって高金利の恩恵に浴した資本の貸し手を特に祝福したけれども、われわれが経験した金融バブルとその崩壊の経過から判断すれば、金融の自由化がもたらした資源配分は真に理想的だと言えないだろう。

グローバル化はすべての人の利益になる、という神話があった。この自由主義的グローバル化の隠された側面が、次第に誰の目にも明らかになってきた。日々の金融取引や通貨取引の天文学的な数字、繰り返される金融危機、当初の債務額を幾度返済しても増え続ける南の債務、マフィア経済、税の回避地域、多国籍企業の支配力（その売上高の多くは、南の大部分の諸国の国内総生産を上回っている）、環境破壊（汚染、資源の過剰開発）、健康悪化（取扱いが法的に禁じられた薬剤へのアクセス、「狂牛病」、ホルモン牛肉、等々）、社会的権利の後退（無法地帯、労働組合の承認の拒否、大量解雇）、先進諸国内部および南北間で拡大する排除と不平等など、数え上げればきりがない。

今日、一三億の人々が一日一ドル以下で生きている。この三〇年間に、世界人口のもっとも豊かな二〇％の人々ともっとも貧しい二〇％の人々との格差が三倍に広がった。そして、栄養不足と栄養失調に八億の人々が苦しんでいる。

だが、それだけではない。グローバル化は一種のイデオロギーで、取引を国際関係の主要なベクトルにするものでもある。中国についての最近の議論でも見られるように、市場開放は、よく理解された利害である以上に、民主主義的価値と自由主義を普及させるもっとも確実な手段だ、と考えられており、政治的責任者が「対外制約」を利用して、不人気な改革や国内政策の失敗の責任を超国家的レベルにすり替えてしまうことがしばしばである。それゆえ、グローバル化による逸脱は、企業と国家が集合的利害を守ることができなかった結果であり、国家がその調整権力の大部分を企業に譲渡してしまったためだ、と市民が考えても仕方がない。実際、国家はグローバル化の受動的な犠牲者ではない。むしろ国家がグローバル化を系統的に組織しているのである。

グローバル化による、国家行動の自由への制約を誇張すべきではない。ジョスパン首相は一九九七年七月に、「金融市場の要請」をものともせず、法人税や資本所得税を二一五〇億フラン増額し、週三五労働時間制を宣言したが、それがフランの暴落や金利上昇を招くことはなかった。グローバル化するか否か、その選択可能性は、まだ政治的責任者の手に残されているのである。

世界市場はあるが、世界民主主義はない

貿易と金融のグローバル化は、自由化を組織するための、骨格がしっかりした強力な国際的枠組みを設置することと共に行なわれた。なぜなら、グローバル化は当然の成り行きでもないし、社会が自然発生的に向かうような自然状態でもないからである。「自由化」には規則とそれを順守させる仲裁機関が必要であり、だからこそ、市場と国家を対立させる永遠の論争には意味がない。国家や規制のない市場など存在しないのである。社会生活の新しい分野に市場が浸透してくればくるほど、国家や規制がますます必要になってくる、と言うことさえできる。一九九三年までは加盟国間の一定の貿易規則を定める協定にすぎなかったＧＡＴＴ〔関税と貿易に関する一般協定〕が、加盟国間の事実上の「紛争調停機関」を備える世界貿易機関（ＷＴＯ）に移行した。それまで商品取引の自由の組織化に関わっていただけのＷＴＯは、以後、商品とみなされるサービス（保険、銀行）をも扱うようになったが、もうじき健康や教育のサービスまで取り扱うことになるだろう。

ＷＴＯは強制力のある法体系を有する唯一の国際調整機関であり、貿易の仲裁を通して各国の政策を調和させている。諸国家は多国間貿易の権利について、貿易以外の権利よりもずっと迅速に協同歩調をとるようになる。したがって、健康や環境に対する社会的規制は、ＷＴＯが許可したり禁止したりするものを考慮に入れて行なうべきである。今や、食糧主権、公共サービス、文化的多様性、特許権の対

象にならない生き物、予防原則などがＷＴＯの交渉日程に上っている。好戦的であれ敗北的であれ、国家主権を擁護しようとする議論も、グローバル化がこれまでまったく調整されてこなかったかのように主張する、やや根拠に欠けることが多い議論も、グローバル化という大問題に答えていない。

自由主義的なグローバル化に直面する今日、人々には自らの意志を表明する権利を、諸文化には開花し個性化する権利を、諸国家には国家介入の意義と正当性を取り戻させたいと願うわれわれは、自給自足の経済体制や国家主義的な反動に反対である。そして、基本的人権や文化的多様性を尊重する、貿易に好意的な開かれた社会の方がそういったものよりも望ましい、と考えている。

地球規模の革新的経験によって新しいダイナミズムがあちこちで生み出されているが、それらはもう一つのグローバル化を導いていく。住民参加型の自治体予算、水や多様性の地方管理、連帯経済、自主管理、土地改革、二重の意味での緑の革命、連帯による貯蓄貸付制度などは、トービン税のようなグローバルな対応策と共にもう一つのグローバル化を基礎づける実例である。また、長い間、国際レベルの組織化に悪戦苦闘してきた社会的アクターが、地方および国民的レベルでの介入を強めてきており、対抗権力の形成に大きく寄与している。

一九九二年のリオの地球サミット以降、とりわけ多国間投資協定に反対する一九九九年のシアトルの大規模な抗議デモや、二〇〇一年一月にブラジルのポルトアレグレで創立された世界社会フォーラム以来、社会運動の組織化能力が証明されている。だが、抗議の内容は、一七八九年の「憲法制定議会」よりもむしろ旧体制下での〔三部会議員選挙の有権者による〕「陳情書」に近いところにとどまっている。

それゆえ、新しい集団的アクターが国際的レベルに登場して、国際ルールの定義や交渉のプロセス、評価・統制・制裁を実施するプロセスの中で然るべき役割を果たすことが必要である。新しい社会的アクターの正当性や機能様式が徐々に形成されていくことが望まれる。

持続可能な発展が商業的利害より優先されるには、WTOレベルでは社会的・環境的な規範やルールに商業的利害を従わせ、WTOに対して現在および将来の環境的・社会的協定を順守させる別の国際組織を創設する、というように、同時に二つのレベルで行動することが必要である。

WTOとその機能を改革する

世界貿易機関（WTO）の合意はすべて、別の国際会議や協定で定義された持続可能な発展のルールを考慮に入れなければならないのであり、それらの合法性や正統性について裁定することは許されない。予防原則のような、国際共同体によって認められた大原則についても同じである。

WTOの力は対立調整機構である紛争調停機関に由来しているが、問題は、紛争調停機関がWTOの内部にあることよりもむしろその機能の仕方にある。そのメカニズムは、透明性や、専門家の任命と権限、より大きくは一般的利害が考えられているかということについて、決定的な欠陥を露呈してしまった。機能を明確に改革し、一般的利害が対立当事者の立場で表現され考慮されることができるようにしなければならない。それゆえ、専門家の任命様式を見直し（専門家よりも常設の裁判官の方が好ましい）、紛争調停への第三者（他の諸国、選挙で選ばれた人々、非国家的アクター、他の組織）の参加を組織して一般的利害が考慮されやすいようにし、紛争調停機関を、例えばくじで選ばれた加盟国の代表で構成された控訴院のようにする必要があるだろう。

ＷＴＯの根本的改革に有効な手段は、真の民主的統制を行なうことによって得られる。ＷＴＯで役職に就いたり交渉に当たったりする加盟国の代表が、世論の関心事を実現していくことを保証する上で大きな役割を演じるのは、ここでは特に各国民議会である。そうなれば、ＷＴＯは選ばれた人々で構成された議会という性格をもつことになるだろう。

国際法律機構について再考する

世界貿易機関（ＷＴＯ）は国際法廷ではない。しかし、社会、健康、環境、文化など、どの分野も貿易に関わるようになった時点でＷＴＯによって裁かれることになり、ＷＴＯは裁定することを通じて国際法廷のように振舞うのである。したがって、ＷＴＯに対して、貿易関係だけで国際関係を支配しようという意志に反対することができる、対等な権限をもつ別の機関を設置しなければならない。また、国連や国際労働機関（ＩＬＯ）や世界人権宣言の国際的な協定や取決に、国際金融機関（ＩＭＦ、世界銀行）の決定を従わせなければならない。さらに、水や健康、教育、文化、視聴覚設備、輸送、住居、エネルギーといった基本的部門または公共財を、貿易とサービスに関する一般協定の管轄分野から除かねばならない。

多数の国が加わる機関が多くなれば、裁定をめぐる紛争を解決する国際法廷の創設がますます必要になってくるだろう。調停に関して透明であるそのような法廷は、裁定の階層制という問題を国際的な公的討議の中心に据えることになるだろう。

国際金融システムを改革する

投機的取引の拡大は経済と社会を著しく不安定にする。それは、持続可能な発展という願望とは反対に、長期的なものよりも短期的なものを優先する。トービン税はけっして万能薬ではないが、それを創設することで投機的取引の運動が抑制されていくだろう。

社会の選択に国際金融機関が不当に干渉すること、とりわけ融資資金の条件設定を通じて干渉することを、徹底的に減らしていかなければならない。国際金融機関があちこちで適用する自由主義モデルによって、ラテンアメリカから東欧、アジアまでが荒廃の波に巻き込まれることになった。

さらに、テロ、麻薬、犯罪、マフィアのブラックマネーを洗浄〔マネーロンダリング〕[3]する租税回避地域やオフショア市場〔非居住者との取引を行なう市場で、為替管理規制が少ない、源泉税が課せられないなど、税制面で優遇されている〕などについて規制する国際協定を、国連の枠組みの中で採択することが必要である。

途上国の開発に対する協力は、十分な資金を有する強力な公的機関や市民社会を組織する手段が出現するのを促し、地方の民主化のプロセスを支えていくものでなければならない。いくつかの国だけが、発展途上の世界から抜け出しているように見えるが、発展途上諸国と先進経済諸国との溝は、国内の不平等と天然資源の非持続的な開発を著しく増加させるという代償を払って埋められる場合がほとんどである。持続可能な発展にはコストがかかるのである。例えば国連貿易開発会議（UNCTAD）は、教育や基本医療、健康的で十分な食物、飲料水、医療設備をすべての人に享受させ維持していくのに必要な費用を、一〇年間で三〇〇〇億フランと見積もっている。また、人類全体が、とりわけエイズやマラリア、結核の治療薬を利用できるようにすべきである。

発展途上諸国は、世界貿易に自律的かつ漸次的に組み込まれるのに必要な柔軟性を、世界貿易機関（WTO）から獲得すべきである。世界のいかなる経済も、国境を保護せずに形成されることなどなかったのだし、また、貿易政策は発展のための手段であって、それ自体が目的ではないのである。貿易戦略にはとりわけ、自由化のプロセスは関税による保護の側面にも経済への国家介入の仕方にも関わってくる、ということが組み込まれなければならない。

北と南の溝を縮小させる

北の先進諸国と南の貧しい諸国との富の格差は、世界の主要な不安定要因になった。南の諸国との連帯は確かに倫理的な義務であるが、世界の安定にとってもそれは不可欠なことである。われわれ先進諸国が既得権や特権をずっと保持していくわけにはいかない。間違った宣伝が信じ込ませようとしているのとは反対に、発展途上諸国は今のところ、北との交換において受益者になっていない。発展途上諸国はたいてい、きわめて高い金利を支払いながら債務を返済している。また北の諸国は、かなり以前に減価償却済みであることが多い生産設備を南の諸国に移転しているが、いわば余生を市場で過ごしているそのような生産設備が南の諸国に売却されれば、北の企業は潤うことになるのである。

・南から北への移転を減少させる

高金利で返済するという条件が撤廃されない限り、南の諸国は自分達の困難を克服することができない。債務の取り消しを直ちに決定すべきである。また、租税回避地の廃止、ブラックマネーの洗浄に対する罰則、西欧の銀行に預けられた不法資金の回収に、債務の取り消しを伴わせる。

・北から南へのフローを増加させる

慈善ではなく、地球の調和的発展と、困っている市民すべてに対する連帯の義務が、富の国際的な再分配を求めている。トービン税が南のために富を再分配する重要な要素になっていくことは確かだろう。ハーグ(二〇〇〇年)やマラケシュ(二〇〇一年)の地球温暖化防止会議と同じように、シアトル(一九九九年)やドーハ(二〇〇一年)のWTO閣僚会議においても、発展途上諸国は結集して自分達の要求を理解させ、北のエゴイズムに対して自分達の利害を守ろうとし始めている。[4] われわれは彼らと連帯する。

公的援助の推移

ジョスパン内閣の五年間(一九九七〜二〇〇二年)で公的開発援助が拡大したが、それでも緑の党にとってはまだまだ不満である。二〇〇五年には公的開発援助を国内総生産(GDP)の一%に引き上げることを目標にした、開発に関わる公的援助基本法を採択して、早急に遅れを取り戻す必要がある。

フランスは人間の基本的権利を尊重することと結びついた公的開発援助を行なうべきだ、と緑の党は考える。この方針は、住民を抑圧する政治的指導者や国家元首に反対して、ビザを拒絶したり金融制裁を加えたりするところまで徹底されなければならない。

人間的で永続的な発展、不平等の縮小、南の「貧しい」諸国が抱える公的債務の取消し、医療と教育に関する援助や分権化された協力の強化、といった方向へ援助を軌道づける必要がある。非政府組織

（NGO）に対して、また公正な貿易の発展と促進のために、特別の税措置をとる。

世界的規模で環境問題に取り組む

生産第一主義の発展様式がもたらすマイナスは北において明白であるが、それは南の環境破壊の深刻化の一因にもなっている。南の森林破壊が著しい（一九七〇年代以降、スマトラの熱帯雨林の八〇％が消失した）のは、ただ、地域住民が暖をとることなどのために森林を利用しているからだけではない。それはしばしば、豊かな国へ輸出するためになされる森林開発（貴重な森林の伐採）のせいでもある。土壌流失（世界の農地の八〇％が該当する）はとりわけ憂慮すべき状況にある。砂漠化の拡大（毎年、耕作可能な六〇〇万ヘクタールの土地が消えている）も大きな問題だが、それはたんに自然現象の悪化によってもたらされるのではない。西洋式農業モデルによる不適応なやり方がいっそう砂漠化を加速させている。

動物種や植物種の大規模な不正取引ばかりか合法的取引そのものでも、しばしば二重の意味で害になる。というのも、そういった取引によって、南では消滅しつつある種の状況が悪化するし、北では、偶然にせよ意図的にせよ、外生種を持ち込むことで地域種が不安定になったり排除されたりするからである。絶滅の恐れのある野生動植物の国際取引に関する国際条約（CITES）の活動および統制の手段を強化することが重要である。

発展途上諸国が北と同じ発展モデルをとるようになれば、破壊的結果を招くだろう。だが、自分自身ができないことを発展途上諸国に求めることはできない。われわれは、自分達の生活様式を変えていかなければならないし、また、地球環境に著しい悪化をもたらすような、多数の国際機関の優先課題や機能を抜本的に改革していかなければならない。

世界環境機関（ＯＭＥ）を創設するなら、そういった改革が進んでいくに違いない。それは、現存する約一〇に上る国際環境協定を一貫させる枠組みになるだろうし、世界貿易機関（ＷＴＯ）の紛争調節機関と同等の権力をもつ決定機構になるだろう。世界環境機関の創設は、国際ルールによる統制や制裁について交渉したり実行したりする新たな様式を考える場を生み出し、民主主義のモデルをつくっていくことになるだろう。

一九九二年のリオの地球サミットから一〇年後の二〇〇二年にヨハネスブルクで開催されるサミット[5]は、きわめて意義のある会議である。地球温暖化防止に関する一九九七年の京都議定書や二〇〇一年のマラケシュ合意、さらに遺伝子組み換え作物の国際取引に関する二〇〇〇年のカルタヘナ議定書[6]に見られるように、リオの地球サミットを契機とする国際環境法の発展には目覚ましいものがある。ヨハネスブルクの「リオ＋一〇」会議は、環境の世界的機関の構築を大きく前進させる機会になるに違いない。

Ⅵ　平和、防衛、軍縮のためのもう一つの政治

二〇〇一年九月一一日のテロ行為は、地球規模で強力に組織された集団の行き着く凶暴さを表わし

ているが、そのめざすところは、世界を戦争のエスカレーションに引きずり込むことである。このような集団の乱入は、世界を覆う緊張やますます激化する経済的・社会的・外交的・軍事的な無秩序のうちに直接組み込まれている。全地域が不安定になり脆弱化していることや、すべての人の正当な権利が尊重されていないこと、殺戮のための武器やテクノロジーが拡大していること、租税回避地に守られたブラックマネーが贈賄に使われること等々が、テロ集団に前例のない手段を与えているのである。

平和の価値

われわれは小学生の頃から、戦争の武勇伝を通して、軍事的な道によってしか歴史を進められないという観念を教え込まれている。市民による介入〔予防的外交、監視〕、平和教育、社会統合といった、いわば抵抗の非暴力的次元には触れられていないが、このような価値観や行動手段の教育をすべての青年男女に施していく必要があるだろう。紛争状態が広がっている分野で行動する市民平和部隊が創設されることを、われわれは望んでいる。一国が文民による防衛を準備するなら、それは、クーデターや外からの侵略を免れる正当性や民主主義の構造を維持していくための、強力な社会的保証になる。社会を非軍事化することは、財政にとっても重要な意味をもつ。というのも、現在の核装備を近代化しようとすれば、今後一〇年間のうちに六〇〇〇億ユーロというとんでもない費用がかかることになるからだ。

非暴力

非暴力は、共同防衛を保証するためのごく自然な方法である。正義と法に基づく社会によって選択されることが、それを実行に移す手段と矛盾するようであってはならない。手段は目的に合致していなければならない。非暴力とは、他者を排除することも破壊することもめざさず、ひとたび紛争が調節されるなら共に生き続ける権利を承認するような紛争解決の動態であるが、このような動力学は、国際構造を巻き込んで、市民を平和使節団に加わらせていくものである。

国連は二〇〇一〜二〇一〇年を「非暴力の文化と世界の子供のための平和を促進する国際一〇年」と宣言したが、緑の党は、この平和文化に関する国連の宣言と行動プログラムを全面的に支持する。例えば、さしあたりEUは、中東地域の悲劇的状況について、パレスチナ問題に関連した現存する多様な国際協定に準拠しながら、暴力による死の悪循環を停止させたり公正かつ持続的平和のための交渉を開始したりできるような調停・監視軍の配備を急がねばならない。

外交政策と共通安全保障政策

憲法を改正して、国会がフランスの外交政策をより的確に統制できるようにする必要がある。フランス軍を外国へ投入する条件にもはや合わなくなった憲法第三五条「宣戦は国会によって許可される」を改正しようとすれば、憲法改正国民投票に付されることになるだろう。

平和と共通安全保障のための行動は、緑の党の外交政策の最優先項目でなければならず、この意味でわれわれは、民主主義と有効性を高めていくように各種の国際機関を改革することに賛成である。それゆえ、緑の党は国連改革のために行動する。国連総会の役割を重視し、安全保障理事会を民主化ならびに拡大し（EU資格での代表を含めて）、紛争防止機関を創設して危機予防の役割を強化していくことを緑の党は支持する。

そして、国連憲章の条項を適用して、とりわけ仲裁や抑止や調停に介入する国際警察力が創設されることを提案する。なおフランスは、このような国連改革に貢献するために、自国の防衛予算の一％を紛争の防止と平和文化の発展に割り当てなければならない。

欧州安全保障協力機構を強化する

欧州レベルの新たな政治的飛躍として、一九九四年に欧州安全保障協力機構（ＯＳＣＥ）が創設され、ロシア、カナダ、アメリカを含む五二カ国の国家元首がそれに署名した。「早めの警告、紛争の防止、危機管理」のための優先的機関として設置されたＯＳＣＥは、すでに欧州の多数の紛争地域（チェチェン、アルバニア、コソボ）で現地調査を実施しているが、遂行すべき任務に見合うだけの資金がない。現在、北大西洋条約機構（ＮＡＴＯ）の予算は一三億ユーロあるのに、ＯＳＣＥの年間予算は二億九〇〇〇万ユーロにとどまっているのである。

ＯＳＣＥの深刻な問題の一つはまさに、加盟各国の利害（事実上はアメリカ合衆国の利害）の防御を目的とする、全面的自立性をもつ軍事同盟として定義されたＮＡＴＯが存在していることである。ＮＡＴＯは国連の委任がなくても軍事攻撃できるのであり、場合によっては核兵器を先制利用することができる。

ＮＡＴＯから核兵器を強制的に撤去して、ＯＳＣＥと国連の統制下におかれた国際警察にＮＡＴＯを転換していくべきだ、と緑の党は考える。

核武装を拒絶する

さらに、今日の国際的状況を見れば、地域紛争のような顕在的または潜在的危機の調停には核兵器が少しも役に立たないことがはっきり分かる。近年に生じたような紛争（ルワンダ、コソボ）は、核の脅威をもってしても当事者に紛争をやめさせることができなかった。国際テロも、核による脅迫で思いとどまらせることなどできない。

民主主義や正義や平和を擁護しようとすることが、住民を絶滅させるという脅威と同居することはできない。人種主義あるいは全体主義的な体制（南アフリカ、東欧諸国など）が核の脅威のために没落したのでなかったことは、周知の事実である。民主主義的な諸国家は、その基本的価値に合致した国際政治を先導しなければならない。われわれの安全を高めていく上で、核兵器を破棄することは緊急の課題であり、平和と正義を進めていくための国際的取組が絶対に必要である。民間人にのしかかる、共に悲劇的な行為であるテロと核抑止という脅威の中に、国民すべての安全を見出すことはできないのである。

二〇〇〇年五月にニューヨークで開かれた核拡散防止条約（ＴＮＰ）の改定会議で採決された決定に従い、緑の党は、核兵器廃絶の実際的措置――実施日程と適切な検証手段を伴う――を決めるための軍縮会議の緊急召集を求める非政府組織（ＮＧＯ）団体に全面的に同意する。フランスは、核拡散防止条約（二〇〇〇年）の改定の枠組みでなされた約束を守って核兵器を廃絶し、核兵器禁止会議を召集しなければならない。軍備抑制政策や各種の軍備制限に関わる国際条約（弾道弾迎撃ミサイル、核拡散防止条約）を放棄する最近のアメリカの決定を、緑の党はきわめて残念に思っている。

緑の党は、以下のことを放棄するために闘う。

・二〇〇〇年に受注された四隻目のミサイル発射原子力潜水艦（SNLE）を建設すること。
・海軍航空部隊のシュペール・エタンダール機を、二〇〇八年から、シャルル・ド・ゴール空母搭載のラファル戦闘艦六〇隻と取り替えること。
・二〇〇八年にラファル戦闘艦に装備される新型の空挺核弾頭（TNA）を備えた、新しい中距離空対地ミサイル改良型（ASMP—A）を建設すること。
・装備しているM四五ミサイルの代わりに、M五一ミサイルを新世代原子力潜水艦に配備すること。
・戦場での使用を目的とする、極小化された新しいタイプの核兵器を開発すること。核兵器を投入する紛争にわれわれを巻き込む危険がないように、この種の核爆弾は直ちに廃止の対象にされるべきである。
・現在進行中である、核融合点火装置の研究用レーザーの建設計画、すなわち、長期的な（二〇四〇～二〇五〇年）戦闘用核兵器である純粋融合核兵器の開発をめざすメガジュール計画。

軍事産業間の競争は反生産的である。規模の経済は、コストを削減したり、資源の使用や作戦上の効率を改善したりするためになされるべきである。過剰な工業用地を再転換させる企画が必要だが、それは、とりわけ自然に対するリスクの予防テクノロジーを進める方向でなされなければならない。軍備輸出の統制を強化することが不可欠である。

欧州防衛政策の方針の論理

欧州安全保障協力機構（OSCE）が進展している枠組みにおいては、各国の軍隊によって今日果たされている防衛任務をできるだけ、共同命令に従う欧州の軍事力に次第に移さなければならない、と緑の党は考えている。

訳者注

〔1〕憲法第一六条

第一六条は、大統領の「緊急措置権」を定め、「共和国の制度、国家の独立、その領土の一体性が重大かつ直接に脅かされ、かつ、憲法上の公権力の正常な運営が中断されるときは、共和国大統領はそれらの事態が必要とする措置を定める」としている。

〔2〕コルシカ地位法案は二〇〇一年一二月の国民議会で採択されたが、憲法評議会は二〇〇二年一月同法案の一部（立法権の付与）が違憲であるとの判断を下した。同年春に成立した右派ラファラン政権が自治権拡大に関する政府案の住民投票を二〇〇三年七月に実施したところ、政府案は否決され、コルシカ問題解決への道は再び振り出しに戻ることになった。

〔3〕マネーロンダリング

犯罪で得た収益を金融機関の偽名口座に隠したり、資金移動を繰り返すなどして出所や所有者を分からなくする行為。

〔4〕グローバリゼーションのもたらすひずみへの批判が高まり、国際会議や国際金融機関への抗議行動が世界的な社会運動として展開されている。というのも、グローバリゼーションは世界の各地域や人々の生活に大きな影響を及ぼしているのに、市民や民衆の参加を排除した国際機関やサミットにその政策決定が独占されているからである。一九九九年のシアトルＷＴＯ反対運動は、ＷＴＯ閣僚会議を中止に追い込むほ

どの規模で展開された。

〔5〕ヨハネスブルク・サミット

二〇〇二年八月、地球サミットの行動計画「アジェンダ21」の実施状況の点検と今後の取組の強化を目的として、南アフリカのヨハネスブルクで開催された国連主催の会議（正式の名称は持続可能な発展に関する世界首脳会議）。ヨハネスブルク・サミットでは、地球環境の保全と世界の貧困問題との関連が中心的テーマとして議論された。

〔6〕カルタヘナ議定書

二〇〇〇年一月に、遺伝子組み換え生物の国際取引に関する初めての規制である「バイオセーフティ議定書（カルタヘナ議定書）」が、カナダのモントリオールで開催されていた生物多様性条約に基づく特別締約国会議で採択された。遺伝子組み換え技術を使った作物や微生物が国境を越えて生態系を攪乱するのを防ぐことを目的とする。種子などについては、輸出国と輸入国との間で事前同意手続きが義務づけられ、輸入国が輸入禁止の措置をとることもできる。一九九九年に特別締約国会議が開催されたコロンビアの都市にちなんでカルタヘナ議定書と呼ばれる。環境を守るために法的拘束力を持たせた議定書としては、オゾン層保護のためのモントリオール議定書、温室効果ガスの削減をめざす京都議定書に続くものである。

訳者あとがき

本書は、Les Verts, Reconstruire l'espoir! En Vert et à gauche : L'écologie, l'égalité, la citoyenneté, Editions de l'Aube, 2002 の全訳である。原題は「緑と左翼の希望を再建する——エコロジー・平等・市民権——」であるが、本書がLes Verts, Le nouveau livre des verts,1999,Editions de Felin,1999（真下俊樹訳『緑の政策事典』緑風出版、二〇〇一年）の姉妹編であり、持続可能なEUとフランスをつくっていくための「緑の党の基本政策」の全容が明確に述べられていることを考慮して、日本語版の表題を現行のようにした。

本書には、ＥＵ（欧州連合）におけるフランスの政治、経済、社会、文化、環境保全などのあり方をより公平で民主的で持続可能な方向に導いていくための指針が、「自律、連帯、平等、責任、男女平等、自然と環境の尊重、ローカルとグローバルの連続性」といった政治的エコロジーの価値基準（詳しくは、アラン・リピエッツ著、若森文子訳『政治的エコロジーとは何か』緑風出版、二〇〇〇年を参照）から描かれている。広範囲に及ぶ一貫した政策提言は、「緑の党は環境保護政党にすぎない」というわれわれの常識を覆し、社会を変えていく政治的エコロジーのダイナミズムを実感させる。

フランスの大統領選挙と国民議会選挙が行なわれた二〇〇二年には、ＥＵの拡大と深化、社会経済政策と社会保障制度改革、治安問題と移民政策、環境政策とエネルギー問題、共和主義と多文化主義、グローバリゼーション（世界化）と民主主義といった論点をめぐって、あるいは、ジョスパン左派連立政権の評価をめぐって、左派、右派、極左、極右、緑の党、ＭＥＤＥＦ（フランス経団連）、労組、市民団体などの間で激論が闘わされた。本書は、これらの問題に対する緑の党の基本政策を展開したものであるために、論争的でマニフェスト的な様相を帯びている。ＭＥＤＥＦの労働市場政策や公共サービスの民営化論（社会保障制度改革案）を批判しながら、医療保険制度の改革（第三章）や年金制度改革（第四章）、週三二時間労働制・技能訓練の生涯的権利・社会的最低所得の引き上げといった雇用政策（第五章）を提案している箇所は、とりわけそうである。

やや単純化して言えば、本書は、ＥＵとフランスで政治の役割を回復させ高めていき（政治における民主主義の進展）、社会における平等や多様性の権利を促進していくこと（社会における民主主義の進展）が、市場による経済の自由主義的調整を抑制して、環境的に持続可能で多元的な経済システムを実現させることになる、という論理で貫かれている。というのも、フランスの左派や緑の党、つまり、広い意味での社会民主主義は、グローバリゼーションと知識集約的資本主義が展開する中で、政治、社会、経済の領域においていかに民主主義と多様性を進展させていくか、という課題に直面しているからである。

このような論理と課題から見たとき、緑の党も政権に参加したジョスパン左派連立政権の五年間（一九九七～二〇〇二年）は、政治の民主化（男女同数法《パリテ》、議員の兼職の制限）や社会生活の権利の拡大（同性カップルなどの法的地位を保証する市民連帯契約《パックス》、一連の教育改革）という点でも、競争力の確保と雇用の創出という社会経済政策（オーブリー法と呼ばれる労働時間柔軟化・短縮法、解雇規則の強化を含む労使関係近代化法、等々）の面でも、一定の評価ができるだろう。しかし、ＥＵとフランスの現実は、市場による経済の自由主義的調整が政治における民主主義の進展を上回るスピードで進行している傾向にあり、今日、ジョスパン左派連立政権の五年間を越える改革が求められていることは明らかである。EUのレベルでは、単一市場と単一通貨ユーロの欧州が社会的欧州に優越する形で進んでいるし、東欧への欧州拡大が政治的次元の調整を難しくしているので、市場と競争力強化の欧州がますます大きなウエイトを占めるようになる恐れがある。また、フランスの国内では、MEDEFがフランス伝統の国家干渉主義に対抗する企業自由主義の立場から、社会保障制度改革、税制改革、公務員改革、職業訓練制度の改善、解雇規制の緩和、新たな労使交渉のルールなどを提案して、従来の経済と国家の関係や労使の関係を大きく変えようとしている。それゆえ、本書は、EUとフランスで政治の役割をよりいっそう回復させ高めていくことによって、社会生活の権利が平等な、多元的で持続可能な経済システムをつくっていこうという、広範囲な政策と制度設計を、次の国民議会任期（二〇〇二～二〇〇七年）の政治的課題として提案しているのである。

政治的次元を回復させ政治における民主主義を進展させようとする政策は、とくに第六章「欧州連邦とより公正な世界の中で、フランスの制度を再構築する」で論じられている。この章では、憲法改革、移民政策、地域的で分権的な行政改革、民主主義に基づく欧州連邦、地球の統治、平和の価値と共通安全保障政策などが提案されているが、ここで特に興味深いのは、フランスにおける国家と政治のあり方を問う「共和主義と多文化主義」の問題に対する緑の党の考え方である。

フランスの共和主義は、「市民から成る共同体」という共和主義的民主主義の伝統に基づくものであり、現行の第五共和制憲法が定めるように、「共和国の単一不可分性」、「法律の前の平等」、「フランス人民の統一性」、「共和国の言語としてのフランス語」から成っている（三浦信孝編『来るべき〈民主主義〉』藤原書店、二〇〇三年を参照）。しかし、この共和主義の原理を厳格に順守するならば、コルシカ語やオック語、アルザス語、フラマン語といった地域語少数言語の権利を認めることは共和主義の原理に反することになり、また、分離独立運動が活発なコルシカのような地域に一定の自主的権限を認めることは「単一不可分な共和国の主権」を分割する憲法違反ということになる。つまり、共和主義は多文化主義を排除してしまうのである。実際、フランス憲法評議会は、一九九二年に欧州理事会が採択した「欧州地域語少数言語憲章」の批准の憲法適合性について、憲法の本質的原理に反するという判断を示したし、ジョスパン政権が提案し二〇〇一年一二月の国民議会で採択された「コルシカ地位法案」（コルシカ議会への立法権限および規則制定権の委譲、コルシカ語教育等に関する法案）の一部について、違憲であるとの判決を下したのだった。とはいえ、第五共和制憲法の共和主義的民主主義の原理が、主権の一部をEUレベルや地方レベルに委譲するという、今日のEUにおける政治のあり方（多元的統治システム）と齟齬を来していることは明白である。緑の党は、この本の第六章で、憲法第二条「共和国の言語はフランス語とする」を改正し、「欧州地域語少数言語憲章」の批准を提案すると共に、「経済・環境・教育・文化・交通の分野の権限を地域圏により有利に分権化することで、国家と地方自治体が遂行する権限を明確化する」といった、根本的な国家構造の改革を提起しているのである。

二〇〇二年春の大統領選挙と国民議会選挙の結果、ジョスパン左派連立政権は敗北し、保革中道政権（シラク大統領、ラファラン首相）の発足によって保革共存政権は解消されたが、フランス政治の構図と社会経済や環境をめぐる争点は基本的に変わっていない。ラファラン内閣はＭＥＤＥＦの方針に従って、解雇規制の緩和などの労働市場改革、年金改革、医療保障制度改革、等々を推し進めているが、二〇〇四年春のフランス地方選挙における左派の地滑り的な勝利に見られるように、国民は保革中道政権に疑問を突きつけている。緑の党の基本政策を述べた本書は、ラファラン政権の政策を理解する上でも、二〇〇七年の大統領選挙と国民議会選挙に向けて動いているフランス政治の争点を知る上でも有益である。

なお、訳稿の作成にあたっては、序文、序章、第一章、第二章、第四章を若森文子が、第三章、第五章、第六章を若森章孝が担当した。邦訳に際しては最善を尽くしたつもりであるが、、思わぬ誤訳があるかもしれない。率直なご批判をいただければ幸いである。

最後に、『緑の政策事典』の姉妹編である本書をフランスの書店で見つけ、この本の邦訳を私どもに依頼された緑風出版の高須次郎氏に、この場を借りて厚くお礼申し上げたい。氏の助言と励ましがなければ、この本の邦訳作業を最後までやりぬくことはできなかっただろう。

二〇〇四年　盛夏

訳者　若森章孝
若森文子

[た行]

索　引

GNP	国民総生産
GMO	遺伝子組み換え作物
HLM	低家賃住宅
IMO	国際海事機関
ILO	国際労働機関
IRPP	個人所得税
IRSN	放射線防護・核安全研究所
MEDEF	フランス企業運動〔フランス経営者団体〕
MSA	農業者制度
NATO	北大西洋条約機構
NGO	非政府組織
OECD	欧州経済協力機構
OMI	移民労働局
OSCE	欧州安全保障協力機構
PACS	市民連帯契約
PCP	欧州共通漁業政策
RDS	社会保障債務返済税
RMI	社会編入最低所得
RTT	労働時間短縮法
SMIC	法定最低賃金
SNCF	フランス国有鉄道
TGAP	汚染活動一般税
TGV	高速列車
TIG	社会全体利益作業
TNP	核拡散防止条約
UNCTAD	国連貿易開発会議
UNEDIC	商工業雇用関連業種全国連合
WTO	世界貿易機関

略語表

AAH	成人身障者手当
ADEME	環境・省エネ庁
ADSL	高速情報通信網
AFPA	成人職業訓練協会
AIVS	社会福祉不動産事務所
AMM	医薬衛生品の市販許可
ANPE	国立雇用局
APA	高齢者自立手当
APL	個人向け住宅助成
ARTT	労働時間柔軟化短縮法
ASSEDIC	商工業雇用協会
BDPME	中小企業開発銀行
CADES	社会保障赤字償却金庫
CANAM	自営業・自由業医療保険制度
CAP	欧州共通農業政策
CDC	預金供託金庫
CEA	原子力庁
CEC	強化雇用契約
CES	連帯雇用契約
CFA	見習養成センター
CHSCT	安全衛生労働条件委員会
CHU	大学病院センター
CITES	絶滅の恐れのある野生動植物の国際取引に関する国際条約
CLSH	青少年クラブ
CMU	普遍的医療給付制度
CNAM	全国被用者医療保険金庫
CNRS	国立科学研究センター
COGEMA	核燃料公社
CSA	放送メディア高等評議会
CSG	一般社会保障負担税
CSPRP	業務危険防止上級審議会
CTE	農地運営国土契約
DATAR	国土整備地方振興庁
DDA	県農業部
DDASS	県保健・社会福祉局
DDE	県設備部
DDTE	県労働雇用局
DDTEFP	県労働雇用職業訓練局
DRASS	保健・社会福祉地方局
DRIRE	地域圏産業・環境研究局
EDF	フランス電力会社
ENA	国立行政学院
EU	欧州連合
FNSEA	農業組合全国同盟
GATT	関税と貿易に関する一般協定
GDP	国内総生産

[著者略歴]

フランス緑の党

1984年に結成された環境政党で、正式な党名は「緑、エコロジスト連合 - エコロジスト党」である。2004年現在、国民議会議員3名、欧州議会議員6名、地域圏議会議員175名。ドミニック・ヴヮネに代わってジル・ルメール（52歳）が党代表（全国代表幹事）を務めている。

緑の党は、中央集権的原理ではなく分権的党内民主主義と男女同数原則の原理に基く政党で、地域圏（地方）が基本組織となっており、地域間全国協議会が党の最高決定機関である。この協議会で選出される執行部（全国代表幹事、4人のスポークスマンを含む15名）が、他党との連携政策や対外的政策を決めるとともに、専門的な委員会を設置して、エネルギー、環境、失業、医療、住宅、交通、農業、移民、教育・文化、フェミニズムなどに関する基本政策を作成する。

緑の党は、「社会運動か政治運動か」、「独自の環境政治勢力か、既成の左翼政党との連携か」といった論争をともないつつ発展してきたが、エコロジスト党としての自立性を保ちながら左翼政党と一緒に自治体や国家の運営に参加するという戦略（「複数の多数派」という考え方）が次第に党内で多数派を占めるようになった。この戦略（とくに、1997年1月に調印された「緑の党と社会党の共同政治綱領」）に基いて、緑の党は1997年の国民議会選挙で6議席を獲得し、ヴヮネを国土整備・環境大臣としてジョスパン左派連立内閣に送り込んだ。

しかし、治安・移民問題や失業問題などジョスパン内閣の成果が問われた2002年の国民議会選挙では、右派勢力が躍進し社会党が大敗北する中で、あるいは、極右および極左の勢力が伸張する中で、緑の党の議席は3議席に後退した。2004年の地方議会選挙や欧州議会選挙で回復傾向を見せているとはいえ、分権的民主主義や男女同数原則、「複数の多数派」戦略に基きながら「新しい政治」をめざすフランス緑の党は、今日、新たな試練に直面している。

所在地：107,avenue Parmentier, FR-75011 PARIS
Webページ：http://www.les-verts.org/

[訳者略歴]

若森章孝（わかもり　ふみたか、1944～）

横浜国立大学経済学部卒業、名古屋大学大学院経済学研究科修士課程修了。現在、関西大学教授。主な編著書に『資本主義発展の政治経済学』（関西大学出版部、1993年）、『レギュラシオンの政治経済学』（晃洋書房、1996年）、『歴史としての資本主義』（青木書店、1999年）、主な訳書にA.リピエッツ『奇跡と幻影』（共訳、新評論、1987年）、A.リピエッツ『勇気ある選択』（藤原書店、1990年）、M.アグリエッタ『資本主義のレギュラシオン理論』（共訳、大村書店、2000年）、G.M.ホジソン『経済学とユートピア』（共訳、ミネルヴァ書房、2004年）がある。

若森文子（わかもり　ふみこ、1947～）

名古屋市立女子短期大学および静岡大学人文学部卒業。主な訳書にA・リピエッツ『政治的エコロジーとは何か』（緑風出版、2000年）、D・メーダ『労働社会の終焉』（共訳、法政大学出版局、2000年）、『レギュラシオンの社会理論』（共訳、青木書店、2002年）がある。

緑《みどり》の政策宣言《せいさくせんげん》

2004年10月20日　初版第1刷発行　　定価2400円＋税

著　者　フランス緑の党
訳　者　若森章孝・若森文子
発行者　高須次郎
発行所　緑風出版 ©
〒113-0033　東京都文京区本郷2-17-5　ツイン壱岐坂
［電話］03-3812-9420　［FAX］03-3812-7262
［E-mail］info@ryokufu.com
［郵便振替］00100-9-30776
［URL］http://www.ryokufu.com/

装　幀　堀内朝彦
制　作　R 企 画　　印　刷　モリモト印刷・巣鴨美術印刷
製　本　トキワ製本所　　用　紙　大宝紙業　　E1500

Printed in Japan　　ISBN4-8461-0415-X　C0031

◎緑風出版の本

■全国どの書店でもご購入いただけます。
■店頭にない場合は、なるべく書店を通じてご注文ください。
■表示価格には消費税が加算されます。

政治的エコロジーとは何か

アラン・リピエッツ著／若森文子訳

四六判上製
二三二頁
2000円

地球規模の環境危機に直面し、政治にエコロジーの観点からのトータルな政策が求められている。本書は、フランス緑の党の幹部でジョスパン政権の経済政策スタッフでもあった経済学者の著者が、エコロジストの政策理論を展開。

緑の政策事典

フランス緑の党著／真下俊樹訳

A5判並製
三〇四頁
2500円

開発と自然破壊、自動車・道路公害と都市環境、原発・エネルギー問題、失業と労働問題など高度工業化社会を乗り越えるオルターナティブな政策を打ち出し、既成左翼と連立して政権についたフランス緑の党の最新政策集。

誰のためのWTOか？

パブリック・シティズン／ロリー・M・ワラチ／ミッシェル・スフォーザ著、ラルフ・ネーダー監修、海外市民活動情報センター監訳

A5判並製
三三六頁
2800円

WTOは国際自由貿易のための世界基準と考えている人が少なくない。だが実際には米国の利益や多国籍企業のために利用され、厳しい環境基準等をもつ国の制度の改変を迫るなど弊害も多い。本書は現状と問題点を問う。

バイオパイラシー

グローバル化による生命と文化の略奪

バンダナ・シバ著／松本丈二訳

四六判上製
二六四頁
2400円

グローバル化は、世界貿易機関を媒介に「特許獲得」と「遺伝子工学」という新しい武器を使って、発展途上国の生態系を商品化し、生活を破壊している。世界的に著名な環境科学者である著者の反グローバリズムの思想。